中国特色社会主义政治经济学通识课

王立胜 等 著

中央编译出版社
CCTP Central Compilation & Translation Press

图书在版编目 (CIP) 数据

中国特色社会主义政治经济学通识课 / 王立胜等著 . —
北京 : 中央编译出版社 , 2023.6
（新时代领导干部通识读物）
ISBN 978–7–5117–4412–8

Ⅰ . ①中… Ⅱ . ①王… Ⅲ . ①中国特色社会主义—社会主义政治经济学—干部教育—学习参考资料 Ⅳ . ① F120.2

中国国家版本馆 CIP 数据核字（2023）第 079081 号

中国特色社会主义政治经济学通识课

出版统筹	潘　鹏
责任编辑	李小燕
责任印制	刘　慧
出版发行	中央编译出版社
地　　址	北京市海淀区北四环西路 69 号（100080）
电　　话	（010）55627391（总编室）　　（010）55627301（编辑室） （010）55627320（发行部）　　（010）55627377（新技术部）
经　　销	全国新华书店
印　　刷	北京文昌阁彩色印刷有限责任公司
开　　本	710 毫米 ×1000 毫米　1/16
字　　数	232 千字
印　　张	18
版　　次	2023 年 6 月第 1 版
印　　次	2023 年 6 月第 1 次印刷
定　　价	58.00 元

新浪微博：@中央编译出版社　　　　微　信：中央编译出版社（ID：cctphome）
淘宝店铺：中央编译出版社直销店（http://shop108367160.taobao.com）（010）55627331
本社常年法律顾问：北京市吴栾赵阎律师事务所律师　闫军　梁勤

总　序

领导干部要有通识通学通才

王蒙

得知中共中央党校出版社、中央编译出版社准备出版一套领导干部通识教育读物，深受鼓舞。这一套系列丛书，涵盖文学、历史、哲学、经济、政治、军事、管理、科学、艺术等各个主要学科领域。它们将能丰富我们的知识，拓宽我们的眼界，推动我们的思维认知、选择决策，延伸发展我们的执政能力、教化能力、全面深化改革能力，优化领导干部素质，提高领导干部的境界和威信。

为了完成党领导全国各族人民，统揽伟大斗争、伟大工程、伟大事业、伟大梦想，推动中国特色社会主义伟大事业的历史使命，我们的领导干部，不但必须掌握既有的专门学科知识与技能，更要具备统揽大局、统筹全局的通识通学通才。

新中国成立前夕，在毛泽东提议下，党中央重新编审了一套12

本干部要学习的马列主义著作，毛泽东专门把这套书定名为"干部必读"。这12本"干部必读"，也是一套马列主义著作的通识课，许多老同志至今对此记忆犹新，感奋不已。改革开放初期，邓小平提出了实现干部队伍革命化、年轻化、知识化、专业化的战略方针。其中的知识化，既包括了专业教育，也包括了通识教育、通才教育。习近平总书记十分重视对领导干部的本领和能力的培养教育，他提出"领导干部要爱读书读好书善读书"，领导干部要增强"八大本领"，年轻干部要提升"七种能力"。习近平总书记强调，经济、政治、历史、文化、社会、科技、军事、外交等方面的知识，领导干部要结合工作需要来学习，不断提高自己的知识化、专业化水平。要坚持干什么学什么、缺什么补什么，有针对性地学习掌握做好领导工作、履行岗位职责所必备的各种知识，努力使自己真正成为行家里手、内行领导。这样才能成为一个复合型领导干部，也就是一个通才。

作为复合型领导干部，还要善于汲取世界先进文明成果。文明因多样而交流，因交流而互鉴，因互鉴而发展。马克思主义和社会主义思想传入中国，再到改革开放以来全方位对外开放，中华文明始终在兼收并蓄中历久弥新。我们只有张开双臂拥抱世界，才能不断扩大对外开放，社会主义市场经济才能取得高质量发展。

孔子提出了"君子不器"的观点，就是说，君子的使命感责任感在于修齐治平，大任在于家国天下，不能仅仅满足于技能性操作，更要把握天命天道，以及多方面的追求规范，用今天的话来说，就是要把握历史的发展规律，要树立正确的"三观"与科学的价值体系，从而更好、更全面地推动中国的进步与发展。

总　序

我们常说,博观约取,厚积薄发。通识教育就是一个"博观""厚积"的过程,这个过程做扎实了,就能"约取""薄发"。领导干部要做到通识,要融会贯通多学科、跨学科与人民历史性实践的方方面面的文明成果。这样一个成果的获得,也正是马克思提出的实现人的全面发展的理想在中国特色社会主义现代化中的体现。经过摸索探寻研讨总结,希望这套丛书的出版能有助于领导干部自我教育的努力,有利于我们的干部通识教育的完善与发展。

王蒙,著名作家、学者,曾任文化部部长,2019年9月被授予"人民艺术家"国家荣誉称号。

前　言

中国特色社会主义政治经济学是对新中国成立以来，特别是改革开放以来我国社会主义经济建设的经验总结和理论升华，是当代中国的马克思主义政治经济学。作为马克思主义的重要组成部分，马克思主义政治经济学是我们坚持和发展马克思主义的必修课。马克思、恩格斯根据辩证唯物主义和历史唯物主义的世界观和方法论，批判继承历史上经济学特别是英国古典政治经济学的思想成果，通过对人类经济活动的深入研究，创立了马克思主义政治经济学，揭示了人类社会特别是资本主义社会经济运动规律。恩格斯说，无产阶级政党的"全部理论来自对政治经济学的研究"①。列宁把政治经济学视为马克思主义理论"最深刻、最全面、最详尽的证明和运用"②。习近平总书记指出："现在，各种经济学理论五花八门，但我们政治经济学的根本只能是马克思主义政治经济学，而不能是别的什么经济理论。"③

我们党历来重视对马克思主义政治经济学的学习、研究、运用。毛泽东先后四次集中研读《资本论》，多次主持有关苏联《政治经济学教科书》的专题研讨，强调研究政治经济学问题有很大的理论意义和现

---

① 《马克思恩格斯文集》第二卷，人民出版社2009年版，第596页。
② 《列宁全集》第二十六卷，人民出版社2017年版，第62页。
③ 习近平：《不断开拓当代中国马克思主义政治经济学新境界》，《求是》2020年第16期。

实意义。①毛泽东在新民主主义革命时期创造性地提出了新民主主义经济纲领，在探索社会主义建设道路过程中对发展我国经济提出了独创性的观点，如提出社会主义社会的基本矛盾理论，提出统筹兼顾、注意综合平衡，以农业为基础、工业为主导、农轻重协调发展等重要观点。这些都是我们党对马克思主义政治经济学的创造性发展。

党的十一届三中全会以来，我们党把马克思主义政治经济学基本原理同改革开放新的实践结合起来，不断丰富和发展马克思主义政治经济学。1984年10月《中共中央关于经济体制改革的决定》通过后，邓小平评价说，"写出了一个政治经济学的初稿，是马克思主义基本原理和中国社会主义实践相结合的政治经济学"②。40多年来，随着改革开放不断深入，我们形成了当代中国马克思主义政治经济学的许多重要理论成果，比如，关于社会主义本质的理论，关于社会主义初级阶段基本经济制度的理论，关于树立和落实创新、协调、绿色、开放、共享的发展理念的理论，关于发展社会主义市场经济、使市场在资源配置中起决定性作用和更好发挥政府作用的理论，关于我国经济发展进入新常态的理论，关于推动新型工业化、信息化、城镇化、农业现代化相互协调的理论，关于农民承包的土地具有所有权、承包权、经营权属性的理论，关于用好国际国内两个市场、两种资源的理论，关于促进社会公平正义、逐步实现全体人民共同富裕的理论，等等。这些理论成果，马克思主义经典作家没有讲过，改革开放前我们也没有这方面的实践和认识，是适应当代中国国情和时代特点的政治经济学，不仅有力指导了我国经济发展实践，而且开拓了马克思主义政治经济学新境界。

马克思主义政治经济学要有生命力，就必须与时俱进。实践是理论的源泉。我们用几十年的时间走完了发达国家几百年走过的发展历程，

---

① 参见《毛泽东年谱（1949—1976）》第三卷，中央文献出版社2013年版，第551页。
② 《邓小平文选》第三卷，人民出版社1993年版，第83页。

前言

我国经济发展进程波澜壮阔、成就举世瞩目，蕴藏着理论创造的巨大动力、活力、潜力。当前，世界经济和我国经济都面临许多新的重大课题，需要作出科学的理论回答。作为马克思主义政治经济学的中国化形态，中国特色社会主义政治经济学仍在不断发展。党的十八大以来，面对严峻复杂的国际形势和艰巨繁重的国内改革发展稳定任务，以习近平同志为核心的党中央高瞻远瞩、统揽全局、把握大势，提出一系列新理念新思想新战略，指导我国经济发展取得历史性成就、发生历史性变革，在实践中形成和发展了习近平经济思想。

党的十九届六中全会审议通过的《中共中央关于党的百年奋斗重大成就和历史经验的决议》用"十个明确"对习近平新时代中国特色社会主义思想的核心内容作了进一步概括，其中第七条指出"明确必须坚持和完善社会主义基本经济制度，使市场在资源配置中起决定性作用，更好发挥政府作用，把握新发展阶段，贯彻创新、协调、绿色、开放、共享的新发展理念，加快构建以国内大循环为主体、国内国际双循环相互促进的新发展格局，推动高质量发展，统筹发展和安全"，这是对习近平经济思想的高度概括，这也表明：习近平经济思想是一个科学完整、逻辑严密、植根实践、开放发展的理论体系，同时，也是与马克思主义政治经济学、中国特色社会主义政治经济学一脉相承的理论体系。

展望未来，我们要立足我国国情和我们的发展实践，深入研究世界经济和我国经济面临的新情况新问题，揭示新特点新规律，提炼和总结我国经济发展实践的规律性成果，把实践经验上升为系统化的经济学说，构建和发展中国特色社会主义政治经济学，为阐释中国式现代化道路和人类文明新形态贡献中国智慧。

目 录

第一讲　中国特色社会主义政治经济学的基本概念

一、政治经济学　/ 002

二、社会主义政治经济学　/ 011

三、中国特色社会主义政治经济学　/ 015

本讲小结　/ 022

第二讲　中国特色社会主义政治经济学的核心

一、社会主义社会的生产目的　/ 024

二、我国社会主要矛盾的转化　/ 026

三、以人民为中心的根本立场　/ 029

本讲小结　/ 032

第三讲　社会主义基本经济制度

一、生产关系与经济制度　/ 034

二、公有制为主体、多种所有制经济共同发展　/ 036

三、按劳分配为主体、多种分配方式并存　/043

四、社会主义市场经济体制　/046

本讲小结　/054

第四讲　把握新发展阶段

一、全面建成小康社会　/056

二、经济新常态　/061

三、我国发展新的历史方位　/069

本讲小结　/074

第五讲　贯彻新发展理念

一、创新发展　/078

二、协调发展　/085

三、绿色发展　/091

四、开放发展　/096

五、共享发展　/103

本讲小结　/109

第六讲　构建新发展格局

一、国际国内经济形势的深刻变化　/112

二、以国内大循环为主体　/118

三、国内国际双循环相互促进　/125

四、建设全国统一大市场　/132

本讲小结　/136

第七讲　推动经济高质量发展

一、牢牢把握高质量发展这个首要任务　/ 138

二、实施供给侧结构性改革　/ 146

三、加强需求侧管理　/ 153

本讲小结　/ 159

第八讲　扎实推进乡村振兴战略

一、着力开展精准扶贫工作　/ 163

二、接续实施乡村振兴战略　/ 174

三、走一条中国特色新型城镇化道路　/ 185

本讲小结　/ 191

第九讲　不断推进全体人民共同富裕

一、分配在经济活动中的地位和作用　/ 194

二、我国共同富裕的理论与实践探索　/ 197

三、在制度层面推进共同富裕　/ 206

四、在体制和政策层面推进共同富裕　/ 213

本讲小结　/ 220

第十讲　遏制资本无序扩张

一、中国特色社会主义中的资本　/ 223

二、资本无序扩张造成的危害　/ 227

三、经济基础层面遏制资本无序扩张　/ 229

四、上层建筑层面遏制资本无序扩张　/237

本讲小结　/245

第十一讲　中国式现代化道路与中国特色社会主义政治经济学

一、人类文明形态的新旧之辩　/249

二、现代化的代表性道路及其经济理论表达　/252

三、世界历史视野中的中国式现代化道路　/261

四、构建具有时空张力的中国特色社会主义政治经济学　/267

本讲小结　/272

第一讲
中国特色社会主义政治经济学的基本概念

本讲是一个导论性的章节,将为大家介绍中国特色社会主义政治经济学相关概念和学科发展历程。中国特色社会主义政治经济学是政治经济学的一个"个别"学科。需要说明的是,本书的政治经济学专指"马克思主义政治经济学",它是马克思主义理论体系的三大组成部分之一;同时,从学科归属上来看,政治经济学本身也是理论经济学一级学科下属的二级学科。

一、政治经济学

马克思主义政治经济学是马克思主义的重要组成部分,也是坚持和发展马克思主义的必修课。马克思主义政治经济学深入研究社会经济运动的客观规律,深刻分析资本主义生产方式及其内在矛盾,科学论证了社会主义必然代替资本主义的历史趋势,阐明了社会主义经济发展的一般规律。中国共产党人在实践中不断总结社会主义革命、建设和改革的经验,创造性地运用和发展马克思主义政治经济学,形成了中国特色社会主义政治经济学,为科学认识纷繁复杂的经济现象提供了基本理论和方法,为建设中国特色社会主义经济提供了科学的理论基础。

（一）政治经济学概念的由来

在古汉语中，"经济"一词表示"经邦济世""经国济民"，即治理国家拯救庶民的意思，其含义与西方语言中"经济"（econom）一词有别。西方语言中的"econom"一词来自希腊语，其中"eco"的意思是"家务"，而"nom"的意思是"规则"。"economics"的传统含义是"家政管理"。早在古希腊时期，思想家色诺芬在《经济论》一书中，已将奴隶主组织和经营的生产活动概括为"经济"。该书的目的是告诉奴隶主如何管理好自己的财产。在拉丁语中，"oeconomia"一词同样意味着家庭事务管理。历史上，首先从社会和国家范围对经济问题进行系统探讨的，是我国古代的思想家。早在春秋战国时期，以管仲为代表的一批思想家，包括儒、法、墨、农等思想派别，就从社会和国家角度对经济问题进行了深入探讨，对赋税、贸易、货币、价格、田制、土地、人口、国家和市场关系等经济问题进行了思考和研究，提出了不少有价值的观点。

15世纪末到17世纪下半叶，伴随着欧洲封建制度瓦解和资本原始积累，资产阶级最初的经济学说——重商主义产生了。"政治经济学"一词，是法国早期重商主义者蒙克莱田在1615年发表的《献给国王和王后的政治经济学》一书中首先使用的。他之所以将书命名为"政治经济学"，就是想说明他所论述的经济问题已经超出了自然经济的范围，不再是家庭经济的管理问题，而是国家或社会的经济问题。自蒙克莱田之后，"政治经济学"这一名称逐渐流传开来。

政治经济学最初讨论的问题主要围绕如何增进国家的财富、税收和保障国民的生活福利而展开，目的是为统治者管理经济出谋划策。比如，英国古典经济学代表人物亚当·斯密在《国民财富的性质和原因的研究》（简称《国富论》）一书中，对"政治经济学"做了以下定义："被看作政治家或立法家的一门科学的政治经济学，提出两个不同的目标：第一，给人民提供充足的收入或生计，或者更确切地说，使人民能给自己提供这样的收入或生计；第二，给国家或社会提供充分的收入，使公务得以进行。总之，其目的在于富国裕民。"[①] 英国经济学家约翰·穆勒在谈到政治经济学"研究的主题"时说："这个主题就是财富。政治经济学家们声称是讲授或研究财富的性质及其生产和分配规律的，包括直接或间接地研究使人类或人类社会顺利地或不顺利地追求人类欲望的这一普遍对象的一切因素所起的作用。"[②]

19世纪六七十年代，政治经济学的研究内容有了重要变化，从国家的财富积累、生产转向了个人行为和市场价格。内容的变化引起了名称的变化，出现了对政治经济学这一学科名称的批评，一些人主张改变政治经济学的名称，将政治经济学改名为财富学或努力满足人类需要的学说。新古典经济学的重要奠基人之一——英国的威廉姆·斯坦利·杰文斯虽然以"政治经济学理论"命名自己的著作，但书中所用的学科名称却是经济学而不是政治经济学。1879年，在其《政治经济学理论》"再版序言"里，杰文斯提出，"政治经济学"（Political Economy）是一个双名，比较麻烦，应尽早放弃。最好的名

---

① [英]亚当·斯密：《国民财富的性质和原因的研究》下卷，郭大力、王亚南译，商务印书馆2009年版，第3页。
② [英]约翰·穆勒：《政治经济学原理及其在社会哲学上的若干应用》上卷，赵荣潜等译，商务印书馆1991年版，第13页。

称是"经济学"（Economics），因为它既与旧名称比较接近，又在形式上与从亚里士多德开始就已通用的"数学"（Mathematics）、"伦理学"（Ethics）、"美学"（Aesthetics）等学科名称类同。"经济学"这一名称的广泛使用，一般归因于新古典经济学体系的创立者英国的阿尔弗雷德·马歇尔。他在《经济学原理》一书中创立的以均衡价格为核心的新古典经济学，从19世纪末到凯恩斯革命前的半个世纪中，一直在西方经济学中占据着支配地位。"经济学"被定义为研究稀缺资源配置的学科，"经济学"这一术语逐步代替"政治经济学"这一术语。

但是，在"经济学"一词广泛流行的时期，"政治经济学"一词也没有消失。在一些经济论述中，"经济学"被看作是与"政治经济学"可以相互替代的同一概念而得到了使用。比如，马歇尔虽然将其著作命名为《经济学原理》，但是该书开宗明义就指出："政治经济学或经济学是一门研究人类一般生活事务的学问。"① 在当代西方国家广为流行的美国保罗·萨缪尔森的《经济学》教科书中，也有"经济学或政治经济学"的提法。总的来看，"政治经济学"与"经济学"并不是两门不同的学科，而是属于同一学科的不同称呼。但是，由于立场、观点和方法的不同，人们对经济学或政治经济学性质、内涵等问题的认识并不相同，并且随着历史的发展而不断演变。

---

① ［英］马歇尔：《经济学原理》，朱攀峰、徐宏伟编译，北京出版社2012年版，第2页。

（二）政治经济学的演变

马克思指出："真正的现代经济科学，只是当理论研究从流通过程转向生产过程的时候才开始。"[①] 这是因为，只有进入一定历史条件下的经济形态的物质生产过程，才有可能揭示生产关系的内部联系和运动规律。人类经济思想史上现代经济理论的产生，是从资产阶级古典政治经济学理论的出现才开始的。

重商主义对资本主义生产方式做了最初的理论探讨，开始从宏观上考察社会经济现象。但是，它的研究范围主要限于流通领域，重商主义者透过商业资本的折光镜来观察财富，只是从致富过程的表面现象出发，对财富和价值的来源缺乏科学的理解。因此，重商主义的学说体系只是政治经济学的萌芽，尽管它最先使用"政治经济学"一词，但还不是现代经济科学的真正开始。

17世纪中叶，资本主义开始进入工场手工业时期，资本主义生产方式逐渐形成。在商业领域积累起来的大量资本纷纷投入生产领域，产业资本取代商业资本成为主要的资本形式。与此相适应，重商主义也让位于资产阶级古典政治经济学。古典政治经济学在英国从威廉·配第开始，到大卫·李嘉图结束；在法国从布阿吉尔贝尔开始，到西斯蒙第结束。在英国，古典政治经济学的先驱配第的《政治算术》是第一部系统论述政治经济学的著作；詹姆斯·斯图亚特在1767年写作了《政治经济学原理研究》一书，是"建立了资产阶级经济学整个体系的第一个不列颠人"[②]。在法国，重农学派是兴起较早

[①] 《马克思恩格斯文集》第七卷，人民出版社2009年版，第376页。
[②] 《马克思恩格斯全集》第三十一卷，人民出版社1998年版，第451页。

且影响较大的经济学派,以布阿吉尔贝尔为先驱,后来弗朗斯瓦·魁奈、杜尔阁成为其代表人物。重农学派最先将研究对象从流通领域转向生产领域,提出了对资本主义生产的第一个系统的理解。这个学派在纯产品学说、阶级学说、社会资本再生产和流通分析等方面对古典政治经济学作出了重要贡献。但由于它把研究范围局限于农业生产领域,认为只有农业部门才是唯一创造财富的生产部门,因而其理论体系是不完整的,真正独立的政治经济学理论体系仍未形成。

对资本主义生产方式首次进行全面考察并建立起政治经济学体系的是英国的斯密。他所处的时代,正是英国从工场手工业向机器大工业过渡的时期,经济的进一步发展要求在理论上清算封建残余的影响和重商主义的消极作用,提出符合新兴资产阶级利益要求的新理论,他的《国民财富的性质和原因的研究》一书于1776年问世,适应了这个要求,成为划时代的经济学著作。这部著作系统论述了资本主义生产方式,将研究范围扩展到全部的生产部门和商业部门,提出了具有科学价值的劳动价值论、工资论、利润论和地租论,说明了资本主义社会的阶级结构。英国工业革命时期的经济学家李嘉图在1817年出版的《政治经济学及赋税原理》中对工资、利润、地租等范畴进行了分析,观察到工资与利润对立、利润与地租对立的社会现实,将劳动价值论推到了他所处时代的最高峰,成为古典政治经济学的完成者。但由于阶级和时代的局限,李嘉图不能在价值规律基础上说明资本和劳动的交换、等量资本获取等量利润,这两大难题最终导致李嘉图理论体系的解体。

古典政治经济学之后,资产阶级经济学的发展经历了三次大的综合。1848年,穆勒出版《政治经济学原理》一书,系统阐述了斯密、马尔萨斯、李嘉图、萨伊等重要经济学家的经济思想，完成了第一次综合。19世纪70年代掀起的边际革命，采用边际分析方法试图在资源数量给定的框架内搜寻最优位置或均衡，经济学的结构和方法与古典政治经济学渐行渐远。1890年，马歇尔以均衡价格论为核心整合当时经济学研究的主要成果，出版了《经济学原理》一书，完成了第二次综合，资产阶级经济学也进入了新古典经济学时代。1929—1933年的大萧条催生了着重于宏观分析的凯恩斯经济学，诞生了与马歇尔的微观经济学相对应的宏观经济学。20世纪40年代，美国经济学家萨缪尔森把新古典经济学与凯恩斯经济学结合起来，构建了一个被称为新古典综合的经济学理论体系，完成了第三次综合。此后，资产阶级经济学的主流理论随着时代变化，在较为强调政府作用的凯恩斯主义和更加强调市场作用的新自由主义之间摇摆。

作为与资本主义相对立的一种思想体系，空想社会主义从16世纪开始登上人类的思想舞台，主要以托马斯·莫尔、托马斯·康帕内拉等为代表。19世纪初，以克劳德·昂利·圣西门、夏尔·傅立叶和罗伯特·欧文这三大代表人物的空想社会主义思想问世为标志，空想社会主义发展到最高阶段。空想社会主义思想家站在维护劳苦大众利益和人类长远利益的立场上，从道德和伦理的角度对资本主义剥削制度进行了无情的批判，提出消灭私有制是保证人人过上幸福生活的唯一途径，在关于未来社会制度的设计中初步体现了计划经济、按劳分配等思想。英国的欧文甚至组织了具有公有制性质的合作工厂，进行了经济实践。但是，空想社会主义没有认识人类社会发展的规律，没有认识资本主义雇佣劳动制度的本质，不了解无产阶级的历史地位和历史使命，最终找不到推翻资本主义、实现社会主义的社会力量。

所以，他们提出的社会主义只能是一种无法实现的空想。

（三）政治经济学的变革

从19世纪30年代开始，无产阶级与资产阶级的矛盾日益明朗化和尖锐化。从这时起，资产阶级经济学已经是"无私的研究让位于豢养的文丐的争斗，不偏不倚的科学探讨让位于辩护士的坏心恶意"①。"现在问题不再是这个或那个原理是否正确，而是它对资本有利还是有害，方便还是不方便，违背警章还是不违背警章。"②由此，资产阶级政治经济学的发展从古典阶段走向庸俗阶段。庸俗政治经济学的最大特征，就是从资产阶级的偏见出发，歪曲或否定古典政治经济学的科学成分，发展其庸俗成分，仅描绘经济的表面现象，避开它的本质联系，掩盖阶级矛盾，否认社会发展规律，专为资本主义制度辩护。

马克思主义政治经济学作为一门科学，不是脱离人类文明发展道路偶然出现的，而是对前人先进思想成果的系统性总结、继承、超越和发展。马克思批判地继承了古典政治经济学的科学成分，克服了它的阶级局限和历史局限，完成了政治经济学发展史上的伟大革命。对于这场伟大革命的意义，恩格斯做过这样的阐述："马克思还发现了现代资本主义生产方式和它所产生的资产阶级社会的特殊的运动规律。由于剩余价值的发现，这里就豁然开朗了，而先前无论资产阶级经济学家或者社会主义批评家所做的一切研究都只是在黑暗中摸

---

① 《马克思恩格斯文集》第五卷，人民出版社2009年版，第17页。
② 《马克思恩格斯文集》第五卷，人民出版社2009年版，第17页。

索。"①马克思、恩格斯用辩证唯物主义和历史唯物主义的方法论，从生产力和生产关系之间的矛盾运动中深刻考察了人类社会经济发展过程特别是资本主义经济发展过程，深刻揭示了其内在规律，科学地证明了人类社会的发展是一个自然的历史过程，资本主义社会经济形态必然为更高级的社会经济形态所替代。这样，就使经济学或政治经济学的发展牢固地建立在真正科学的基础之上。

马克思主义政治经济学的产生绝不是偶然的，而是特定历史条件和社会实践的必然产物。从社会经济条件来看，18世纪60年代工业革命的兴起为资本主义经济的迅速发展创造了物质条件。工业革命的发生及机器大工业的发展，资本主义社会矛盾的迅速发展和激化，为马克思主义政治经济学的形成提供了客观依据。从政治条件来看，伴随着资本主义矛盾的发展，英国、法国、德国等国兴起工人革命运动，这表明无产阶级已经作为独立的政治力量登上了历史舞台。工人运动的深入发展呼唤建立代表无产阶级利益的政治经济学。马克思、恩格斯深入观察和研究日益尖锐的社会化生产和资本主义私人占有的基本矛盾，并立足于正在不断形成并日益壮大的无产阶级的普遍要求，创立了无产阶级自己的政治经济学，为人类指明了实现自由和解放的道路。

---

① 《马克思恩格斯文集》第三卷，人民出版社2009年版，第601页。

二、社会主义政治经济学

（一）社会主义政治经济学的产生

总体上来看，可以把政治经济学分为两类。第一类，我们把它称为广义政治经济学。广义政治经济学是指一般性的、适合于人类各个社会经济形态的政治经济学。构建广义政治经济学的任务，最早是由恩格斯提出来的。他指出："政治经济学作为一门研究人类各种社会进行生产和交换并相应地进行产品分配的条件和形式的科学——这样广义的政治经济学尚待创造。"① 相对于广义政治经济学来说，狭义政治经济学就是指反映不同社会形态的政治经济学。反映资本主义生产方式和生产关系的政治经济学就称为资本主义政治经济学，而反映社会主义生产方式和生产关系的政治经济学就称为社会主义政治经济学。

从16世纪初期兴起的社会主义思潮算起，社会主义发展到现在已经有500年的历史。从空想社会主义开始，有关社会主义经济建设方面的思想就开始萌发。19世纪上半叶，空想社会主义发展到最高阶段，代表人物圣西门、傅立叶和欧文，都不仅在实践中进行有关未来社会的试验，在理论上也提出了一系列有关未来社会经济建设和组织运行方面的思想，这也成为科学社会主义的直接思想来源。

---

① 《马克思恩格斯选集》第三卷，人民出版社2012年版，第528页。

马克思、恩格斯适应时代的需要，在新的历史条件下创立和发展了唯物史观和剩余价值学说，为实现社会主义从空想到科学的发展奠定了坚实的理论基础，同时也为社会主义政治经济学的产生和发展提供了科学的世界观和方法论。唯物史观深刻揭示了人类历史发展的一般规律，提出生产力与生产关系之间的矛盾、经济基础与上层建筑之间的矛盾是人类历史发展两对基本矛盾的观点，为构建社会主义政治经济学提供了重要的指导原则。剩余价值学说深刻揭示了资本家剥削工人的秘密，揭示了无产阶级与资产阶级利益的根本对立，使人们找到了变革资本主义社会的力量和通向社会主义社会的途径。与此相联系，社会主义政治经济学所提出的一系列经济建设和发展理论，也正是在克服资本主义生产方式和生产关系内在缺陷和固有弊端的基础上产生和发展起来的。

尽管马克思、恩格斯并没有系统地建立起一门社会主义政治经济学，但是在《共产党宣言》《共产主义原理》《哥达纲领批判》《反杜林论》《社会主义从空想到科学的发展》等一系列著作中，都提出了很多有关未来社会（共产主义社会和社会主义社会）经济建设方面的构想和思路。譬如，在《哥达纲领批判》中，马克思严厉批判了纲领草案中的拉萨尔派机会主义观点，阐明了无产阶级革命和无产阶级专政的原理。他提出无产阶级专政的国家是资本主义向共产主义转变的政治上的过渡时期的思想。在批判拉萨尔的小资产阶级分配观点的基础上，马克思第一次提出了共产主义社会分为两个发展阶段——初级阶段和高级阶段的理论，阐明了社会主义社会必须实行按劳分配的原则，只有到了共产主义社会的高级阶段，才能实行"各尽所能、按需分配"的原则。这些原则，都为日后社会主义国家开展经济建设提供了重要的理论指导。

（二）苏联社会主义政治经济学的建立和发展

1917年，俄国十月革命爆发，建立起世界上第一个人民当家作主的社会主义国家。此后，社会主义作为一种崭新的社会形态和社会制度登上历史舞台，引领着人类社会的发展方向。列宁逝世后，苏联开始在斯大林的领导下实行以优先发展重工业为中心建立社会主义大工业的经济建设计划。在这个时期，苏联社会生产力取得了飞速发展，为处在帝国主义包围下的社会主义建设奠定了物质基础，为在第二次世界大战中取得反法西斯战争胜利提供了坚实保障。为了总结苏联建立以来的经济建设经验，1936年联共（布）中央作出决议，要求改革政治经济学的讲授，规定了在高等院校开设广义政治经济学课程，并提出把社会主义政治经济学作为广义政治经济学的一部分进行讲授。于是，苏联经济学界开始了社会主义政治经济学的研究和教科书的编写工作，20世纪40年代末完成未定稿。1951年1月，苏共中央召开了政治经济学教科书未定稿的大规模的讨论会。斯大林在亲自领导苏联社会主义经济建设30多年实践的基础上，于1952年2月就未定稿和讨论会的有关问题发表了自己的书面意见，同年9月他又把意见和对讨论会几位参加者所提问题的书面答复，以《苏联社会主义经济问题》的书名公开发表。该书根据马克思主义哲学和政治经济学基本原理，总结和概括了苏联社会主义革命和建设的历史经验，批评了雅罗申柯等人的错误经济理论，系统阐述了社会主义制度下经济规律的客观性质，社会主义制度下的商品生产和价值规律，社会主义社会的基本经济规律和有计划按比例发展规律，世界资本主义体系危机加深和资本主义国家间战争不可避免，消灭城市和乡村之间、脑力劳动和体力劳动之间的对立和差别等问题，不但对马克思主义的经济理论作出了贡献，而且深刻阐述和发展了马克思主义哲学的许多重大理论观点。

1954年，苏联科学院经济研究所编写出版了《政治经济学教科书》，1955年人民出版社出版了中文版。这本教科书是世界历史上第一本社会主义政治经济学教科书，对社会主义阵营各国家的经济建设和政治经济学理论发展产生了深远影响。1959年12月到1960年2月，毛泽东组织了一个读书小组，成员有陈伯达、胡绳、邓力群、田家英等人，共同研读《政治经济学教科书》。在这个过程中，毛泽东做了大量的批注，进行了多次谈话，其中有很多内容都涉及社会主义政治经济学本身。譬如，他指出："写出一本社会主义共产主义政治经济学教科书，现在说来，还是一件困难的事情。有英国这样一个资本主义发展成熟的典型，马克思才能写出《资本论》。社会主义社会的历史，至今还不过四十多年，社会主义社会的发展还不成熟，离共产主义的高级阶段还很远。现在就要写出一本成熟的社会主义共产主义政治经济学教科书，还受到社会实践的一定限制。"[①]

毛泽东的这段话，反映了构建社会主义政治经济学的困难所在。20世纪下半叶，尽管各社会主义国家都在经济建设道路上进行了种种探索，但囿于苏联模式的思想束缚，社会主义国家的经济建设虽取得了一些成果，但也面临着很多问题，主要表现在经济管理体制比较

[①] 《毛泽东文集》第八卷，人民出版社1999年版，第137页。

僵化,企业经营的灵活性、主动性比较差,人民生活水平亟待提高,等等。这些问题都是亟待社会主义政治经济学开展理论创新加以解答的。

三、中国特色社会主义政治经济学

(一)中国特色社会主义政治经济学提出的背景和意义

改革开放以来,中国共产党领导全国人民,走出了一条中国特色社会主义道路。在这个过程中,基于对社会主义经济建设经验的提炼和总结,中国特色社会主义政治经济学应运而生,极大地推动了马克思主义政治经济学的发展。1984年10月《中共中央关于经济体制改革的决定》通过后,邓小平评价说,"写出了一个政治经济学的初稿,是马克思主义基本原理和中国社会主义实践相结合的政治经济学"[①]。40多年来,随着改革开放不断深入,我们形成了当代中国马克思主义政治经济学的许多重要理论成果,比如,关于社会主义本质的理论,关于社会主义初级阶段基本经济制度的理论,关于发展社会主义市场经济,使市场在资源配置中起决定性作用和更好发挥政府作用的理论,关于推动新型工业化、信息化、城镇化、农业现代化相互协调的理论,关于农民承包的土地具有所有权、承包权、经营权属性的理

---

① 《邓小平文选》第三卷,人民出版社1993年版,第83页。

论，关于用好国际国内两个市场、两种资源的理论，关于促进社会公平正义，逐步实现全体人民共同富裕的理论，等等。

党的十八大以来，中国特色社会主义进入新时代，在经济发展方面，我国经济总量超过日本，成为世界第二大经济体。但是，2008年以来，肇始于美国的次贷危机造成了世界性的经济衰退，中国也相应地受到波及。也正是在这一时期，在经过30多年的经济高速增长后，2010—2012年我国经济出现了连续11个季度的下滑，2012—2013年更是连续两年跌破8%。① 为了尽快地从全球性经济衰退中恢复过来，中国政府采取了一系列强有力的宏观调控手段，推出了包括"四万亿"在内的扩大内需、促进经济平稳较快增长的多项措施。但从总体上来看，我国改革开放以来所形成的经济高速增长态势，已经随着全球经济收缩期的到来而发生根本性的变化，以经济增速明显下降、经济结构深入调整为主要特征的"经济新常态"不期而至。

当前，我们正面临着百年未有之大变局，实践的剧烈变化迫切需要理论上的回应。党的十八大以来，习近平总书记就学好用好政治经济学作出了多次阐述，就如何推动中国特色社会主义政治经济学的发展提出了明确要求。2014年7月8日，习近平总书记在主持经济形势专家座谈会时强调："各级党委和政府要学好用好政治经济学，自觉认识和更好遵循经济发展规律，不断提高推进改革开放、领导经济社会发展、提高经济社会发展质量和效益的能力和水平。"② 2015年11月23日，中共中央政治局就马克思主义政治经济学基本原理和方法

---

① 根据国家统计局官网"国家数据"整理得出。
② 中共中央文献研究室编：《习近平关于社会主义经济建设论述摘编》，中央文献出版社2017年版，第320页。

论进行第二十八次集体学习，习近平总书记指出："学习马克思主义政治经济学，是为了更好指导我国经济发展实践，既要坚持其基本原理和方法论，更要同我国经济发展实际相结合，不断形成新的理论成果。"① 习近平同时强调，马克思主义政治经济学是马克思主义的重要组成部分，也是我们坚持和发展马克思主义的必修课。党的十一届三中全会以来，我们党把马克思主义政治经济学基本原理同改革开放新的实践结合起来，不断丰富和发展马克思主义政治经济学，形成了当代中国马克思主义政治经济学的许多重要理论成果，这些理论成果，是适应当代中国国情和时代特点的政治经济学，不仅有力指导了我国经济发展实践，而且开拓了马克思主义政治经济学新境界。②

2015年中央经济工作会议强调："要坚持中国特色社会主义政治经济学的重大原则"。这是"中国特色社会主义政治经济学"首次出现在中央层面的会议上，它的提出具有鲜明的时代意义和深远的理论意义。这是以习近平同志为核心的党中央，将新中国成立以来特别是改革开放以来党领导经济建设的各项方针、政策、举措上升到理论层面和学科高度，是对马克思主义政治经济学说的巨大创新，极大丰富了中国特色社会主义理论体系。从这个意义上来说，中国特色社会主义政治经济学是对新中国成立以来特别是改革开放以来我国社会主义经济建设经验的系统总结和理论升华，是当代中国的马克思主义政治经济学，也是继"站起来"的政治经济学、"富起来"的政治经济学之后的"强起来"的政治经济学。

---

① 习近平：《论把握新发展阶段、贯彻新发展理念、构建新发展格局》，中央文献出版社2021年版，第61页。
② 参见习近平：《不断开拓当代中国马克思主义政治经济学新境界》，《求是》2020年第16期。

(二)中国特色社会主义政治经济学的主要内容

中国特色社会主义政治经济学是一个内容十分丰富的理论体系。总的来看,中国特色社会主义政治经济学要求坚持"以人民为中心"的根本立场;着力把握人民日益增长的美好生活需要和不平衡不充分的发展之间的矛盾;坚持包括公有制为主体、多种所有制经济共同发展的所有制制度,按劳分配为主体、多种分配方式并存的收入分配制度,以及社会主义市场经济体制在内的社会主义基本经济制度;推进经济高质量发展,实施构建现代产业体系战略、推动区域协调发展战略、精准扶贫和乡村振兴战略,以及"一带一路"为引领的新型对外开放战略;深入贯彻创新、协调、绿色、开放、共享的新发展理念。

1. 一个根本立场

为什么人的问题是哲学社会科学研究的根本性、原则性问题,政治经济学也不例外。习近平总书记指出,发展为了人民,这是马克思主义政治经济学的根本立场。马克思、恩格斯指出:"无产阶级的运动是绝大多数人的、为绝大多数人谋利益的独立的运动",在未来社会"生产将以所有的人富裕为目的"。党中央提出要坚持以人民为中心的发展思想,把增进人民福祉、促进人的全面发展、朝着共同富裕方向稳步前进作为经济发展的出发点和落脚点。这一点,我们任何时候都不能忘记,部署经济工作、制定经济政策、推动经济发展都要牢牢坚持这个根本立场。①我们的人民热爱生活,期盼有更好的教育、

---

① 参见习近平:《论把握新发展阶段、贯彻新发展理念、构建新发展格局》,中央文献出版社2021年版,第61、62页。

更稳定的工作、更满意的收入、更可靠的社会保障、更高水平的医疗卫生服务、更舒适的居住条件、更优美的环境，期盼孩子们能成长得更好、工作得更好、生活得更好。站在以人民为中心的根本立场上，才能明确我们的奋斗目标是满足人民对美好生活的向往。

2. 两个矛盾方面

中国特色社会主义政治经济学是以分析和解决我国社会主义经济建设中的问题作为根本任务的，而这些问题根源于社会主要矛盾。中国特色社会主义进入新时代，我国社会主要矛盾已经转化为人民日益增长的美好生活需要和不平衡不充分的发展之间的矛盾，这其中，发展的不平衡性和不充分性，已然成为这一主要矛盾的两大突出表现。一方面，经过改革开放，我国稳定解决了十几亿人的温饱问题，全面建成小康社会，我国长期所处的短缺经济和供给不足状况已经发生根本性转变，再讲"落后的社会生产"已经不符合实际。但另一方面，人民美好生活需要日益广泛，不仅对物质文化生活提出了更高要求，而且在民主、法治、公平、正义、安全、环境等方面的要求日益增长。

影响满足人民美好生活需要的因素很多，但主要是发展不平衡不充分问题，其他问题归根结底都是由此造成或派生的。各区域各领域各方面发展不够平衡，存在"一条腿长、一条腿短"的失衡现象，制约了整体发展水平的提升。一些地区、一些领域、一些方面还存在发展不足的问题，发展的任务仍然很重。必须认识到，我国社会主要矛盾的变化，没有改变我们对我国社会主义所处历史阶段的判断，我国仍处于并将长期处于社会主义初级阶段的基本国情没有变，我国是世界最大发展中国家的国际地位没有变。因此，在认识理解新时代我国社会主要矛盾时，必须把社会主要矛盾变化的问题同我国仍处于并将长期处于社会主义初级阶段没有变、同我国是世界上最大发展中国家的国际地位没有变的问题统一起来思考和研究，把"变"与"不变"这两个论断统一起来理解和把握。

3. 三类基本制度

制度建设是解决发展过程中各种问题的治本之策，是破解我国社会主要矛盾的长远之计。中国特色社会主义制度是党和人民在长期实践探索中形成的科学制度体系，我国国家治理一切工作和活动都依照中国特色社会主义制度展开，我国国家治理体系和治理能力是中国特色社会主义制度及其执行能力的集中体现。在经济方面，党的十九届四中全会总结了三类社会主义基本经济制度，包括公有制为主体、多种所有制经济共同发展的所有制制度，按劳分配为主体、多种分配方式并存的收入分配制度，以及社会主义市场经济体制。社会主义基本经济制度既体现了社会主义制度优越性，又同我国社会主义初级阶段社会生产力发展水平相适应，是党和人民的伟大创造。三类基本制度构成了现代化经济体系的制度基础，也是推进中国式现代化的制度保障。

4. 四项重大战略

制度建设为我国现代化经济体系进行了顶层设计，而好的制度设计必须落到实处，体现为一系列具有操作性的政策举措。面对经济新常态，党的十八大以来，围绕推进经济高质量发展，在实践层面制定并实施了四项重大经济发展战略，包括构建现代产业体系战略、推动区域协调发展战略、精准扶贫和乡村振兴战略，以及"一带一路"为引领的新型对外开放战略。唯物史观认为，物质资料生产活动是人类社会存在和发展的基础，政治经济学以生产方式作为研究对象，而生产方式是指劳动力和生产资料在不同领域的结合方式。构建现代产业体系，就是要优化劳动力和生产资料在产业之间的组合和搭配方式，实施供给侧结构性改革，推动产业结构高级化。推动区域协调发展，就是要优化劳动力和生产资料在区域之间的组合和搭配方式，缩小区域之间的发展差距。实施精准扶贫和乡村振兴战略，就是要优化劳动力和生产资料在城乡之间的组合和搭配方式，实现城乡一体化发展。践行以"一带一路"为引领的新型对外开放战略，就是要优化劳动力和生产资料在国内和国外的组合和搭配方式，在更大范围、更宽领域、更深层次上提高开放型经济水平，构建以国内大循环为主体、国内国际双循环相互促进的新发展格局。

5. 五大发展理念

坚持立场、找准问题、设计制度、落实举措，最终要上升到理念层面。理念是行动的先导，一定的发展实践都是由一定的发展理念来引领的。发展理念是否对头，从根本上决定着发展成效乃至成败。针对我国经济发展环境、条件、任务、要求等方面发生的新变化，党中央提出要树立和坚持创新、协调、绿色、开放、共享的发展理念。坚持创新发展，就是要把创新摆在国家发展全局的核心位置，让创新贯穿国家一切工作，让创新在全社会蔚然成风。坚持协调发展，就是要重点促进城乡区域协调发展，促进经济社会协调发展，促进新型工业化、信息化、城镇化、农业现代化同步发展，在增强国家硬实力的同时注重提升国家软实力，不断增强发展整体性。坚持绿色发展，就是要坚持节约资源和保护环境的基本国策，坚持可持续发展，形成人与自然和谐发展现代化建设新格局，为全球生态安全作出新贡献。坚持开放发展，就是要奉行互利共赢的开放战略，发展更高层次的开放型经济，积极参与全球经济治理和公共产品供给，构建广泛的利益共同体。坚持共享发展，就是要坚持发展为了人民、发展依靠人民、发展成果由人民共享，使全体人民在共建共享发展中有更多获得感，朝着共同富裕方向稳步前进。

本讲小结

本讲根据"一般—特殊—个别"的逻辑顺序，提炼总结了政治经济学、社会主义政治经济学以及中国特色社会主义政治经济学等概念，并对这些学科概念的历史演进和发展过程进行了梳理。中国特色社会主义政治经济学是对新中国成立以来特别是改革开放以来我国社会主义经济建设经验的系统总结和理论升华，是当代中国的马克思主义政治经济学，也是继"站起来"的政治经济学、"富起来"的政治经济学之后的"强起来"的政治经济学。

第二讲
中国特色社会主义政治经济学的核心

中国特色社会主义政治经济学坚持以马克思主义为指导，核心要解决好为什么人的问题。为什么人的问题是哲学社会科学研究的根本性、原则性问题。我国哲学社会科学为谁著书、为谁立说，是为少数人服务还是为绝大多数人服务，是必须搞清楚的问题。世界上没有纯而又纯的哲学社会科学，世界上伟大的哲学社会科学成果都是在回答和解决人与社会面临的重大问题中创造出来的。作为哲学社会科学的重要学科门类，中国特色社会主义政治经济学要有所作为，就必须坚持以人民为中心的研究导向，深入研究社会生产活动是为了谁的问题，也即社会生产目的问题。也正是在这个意义上，中国特色社会主义政治经济学必须坚持人民立场，脱离了人民，这门学科就不会有吸引力、感染力、影响力、生命力。

一、社会主义社会的生产目的

社会主义政治经济学是一门研究社会主义生产方式及与之相适应的生产关系和交换关系的科学，中国特色社会主义政治经济学的研究对象是中国特色社会主义生产方式和生产关系。因此，中国特色社会主义政治经济学首先要明确的问题是：我们所从事的生产活动，是出于什么样的目的而展开的？中国特色社会主义的生产方式和生产关系，如何深刻体现了社会主义的生产目的？只有把这些问题搞清楚，构建中国特色社会主义政治经济学才具备了基本原则和价值取向。

实际上，社会主义的生产目的不仅是社会主义政治经济学的核心问题，也是马克思主义理论体系中的重要命题之一，马克思主义理论经典作家对此多有论述。例如，在《反杜林论》的"第三编 社会主义"部分中，恩格斯曾明确谈到这一问题，他在生产资料公有制的基础上这样表述了社会主义生产的目的："通过社会化生产，不仅可能保证一切社会成员有富足的和一天比一天充裕的物质生活，而且还可能保证他们的体力和智力获得充分的自由的发展和运用"[1]。列宁也在《关于俄国社会民主工党纲领的文献》中提出应将生产目的修改为"不仅满足社会成员的需要，而且保证社会全体成员的充分福利和自由的全面发展，这会更明确些"[2]。斯大林关于社会主义生产目的的概括，与他们的表述基本一致，"社会主义生产的目的不是利润，而是人及其需要，即满足人的物质和文化的需要"，并强调"社会主义生产服从于它的主要目的——保证最大限度地满足整个社会经常增长的物质和文化的需要"。[3]

中国特色社会主义进入新时代，中国特色社会主义政治经济学的核心进一步得到揭示和阐发。习近平总书记指出："坚持解放和发展社会生产力。我们党执政，就是要带领全国各族人民持续解放和发展

---

[1] 《马克思恩格斯选集》第三卷，人民出版社2012年版，第670页。
[2] 《列宁全集》第六卷，人民出版社2013年版，第218页。
[3] 《斯大林文集（1934—1952）》，人民出版社1985年版，第659页。

社会生产力，不断改善人民生活。邓小平同志讲：'社会主义阶段的最根本任务就是发展生产力，社会主义的优越性归根到底要体现在它的生产力比资本主义发展得更快一些、更高一些，并且在发展生产力的基础上不断改善人民的物质文化生活。'这就点明了中国特色社会主义政治经济学的核心。"①

二、我国社会主要矛盾的转化

（一）社会基本矛盾及其解决

社会生产目的问题是与社会矛盾紧密联系在一起的。从一般意义上来说，在任何一种社会形态中，开展社会生产的目的都是为了解决社会矛盾。从社会基本矛盾来看，生产力与生产关系之间的矛盾，经济基础与上层建筑之间的矛盾，构成了每一个社会形态都必须面对的矛盾。马克思在《〈政治经济学批判〉序言》中的这段论述，描绘了社会基本矛盾及其运动过程的轮廓："人们在自己生活的社会生产中发生一定的、必然的、不以他们的意志为转移的关系，即同他们的物质生产力的一定发展阶段相适合的生产关系。这些生产关系的总和构成社会的经济结构，即有法律的和政治的上层建筑竖立其上并有一定的社会意识形式与之相适应的现实基础……社会的物质生产力发展到

---

① 中共中央文献研究室编：《习近平关于社会主义经济建设论述摘编》，中央文献出版社 2017 年版，第 10 页。

一定阶段,便同它们一直在其中运动的现存生产关系或财产关系(这只是生产关系的法律用语)发生矛盾。于是这些关系便由生产力的发展形式变成生产力的桎梏。那时社会革命的时代就到来了。随着经济基础的变更,全部庞大的上层建筑也或慢或快地发生变革。"①

这段论述表明:社会生产目的就是要通过不断改革生产关系以促进生产力水平的提高,通过不断改革上层建筑以巩固经济基础。

(二)社会主要矛盾及其解决

除基本矛盾外,每个社会形态中都还有一种主要矛盾。这一主要矛盾可以从一般和特殊两个层面来看。从一般层面来看,社会主要矛盾是指人类需要与生产供给之间的矛盾,用西方经济学的话语来说,就是"无限需求与有限资源"之间的矛盾。从特殊层面来看,就是生产力发展要求与束缚其发展的生产关系之间的矛盾,更具体而言,就是生产力发展要求与生产资料所有制之间的矛盾。从一般层面来看,社会生产的目的就是要满足人类不断发展着的需要;从特殊层面来看,社会生产的目的就是要通过不断改革生产资料所有制以促进生产力水平的提高。在阶级社会,社会主要矛盾以阶级斗争的形式表现出来;在社会主义社会,由于消灭了阶级和阶级对立,主要是通过发展社会生产、满足人民需要来解决社会主要矛盾的。譬如,1956年党的八大提出我国社会主要矛盾"已经是人民对于建立先进的工业国的要求同落后的农业国的现实之间的矛盾,已经是人民对于经济文

---

① 《马克思恩格斯选集》第二卷,人民出版社2012年版,第2—3页。

化迅速发展的需要同当前经济文化不能满足人民需要的状况之间的矛盾"[1]。1981年党的十一届六中全会通过的《关于建国以来党的若干历史问题的决议》，对社会主要矛盾作了正式概括："在社会主义改造基本完成以后，我国所要解决的主要矛盾，是人民日益增长的物质文化需要同落后的社会生产之间的矛盾。"[2]

改革开放以来，我们逐步建立起社会主义市场经济体制，极大地推动了生产力水平的提高，人民生活得到极大改善，综合国力得到显著增强。但不可否认的是，随着社会主义市场经济的持续发展，商品货币关系和资本主义生产方式的一些不良因素也逐渐暴露出来，并引发了一系列经济社会发展问题。党的十九大报告指出，中国特色社会主义进入新时代，社会主要矛盾已经转化为"人民日益增长的美好生活需要和不平衡不充分的发展之间的矛盾"[3]。在这里，对社会主义生产目的的偏离是造成"不平衡不充分发展"的重要原因之一，尤其表现在经济结构的三大失衡上，即实体经济结构性供需失衡、金融和实体经济失衡、房地产和实体经济失衡。由于市场经济的逐利本性，导致各种资源流向那些项目周期短、利润率高、投资见效快的产业和部门，而关系人民群众美好生活的产品和服务供给出现短缺。

---

[1] 中共中央文献研究室编：《建国以来重要文献选编》第九册，中央文献出版社1994年版，第341页。
[2] 《中国共产党中央委员会关于建国以来党的若干历史问题的决议》，人民出版社1981年版，第54页。
[3] 《习近平谈治国理政》第三卷，外文出版社2020年版，第9页。

三、以人民为中心的根本立场

(一) 中国特色社会主义政治经济学树立了"以人民为中心"的根本立场

深刻认识社会主义生产目的,明确"以人民为中心"的根本立场,是中国特色社会主义政治经济学的重要理论任务和实践目标。2012年11月,在党的十八届一中全会上,习近平总书记指出:"我们党领导人民全面建设小康社会、进行改革开放和社会主义现代化建设的根本目的,就是要通过发展社会生产力,不断提高人民物质文化生活水平,促进人的全面发展。"[1]这一表述是对社会主义生产目的的强调和发展。2015年11月,在十八届中央政治局第二十八次集体学习中,习近平总书记在讲话中概括了马克思、恩格斯和邓小平的观点,强调了社会主义生产目的,并进一步概括了马克思主义政治经济学的根本立场:"发展为了人民,这是马克思主义政治经济学的根本立场。""党的十八届五中全会鲜明提出要坚持以人民为中心的发展思想,把增进人民福祉、促进人的全面发展、朝着共同富裕方向稳步前进作为经济发展的出发点和落脚点。这一点,我们任何时候都不能忘记"。[2]

---

[1] 习近平:《全面贯彻落实党的十八大精神要突出抓好六个方面的工作》,《求是》2013年第1期。
[2] 中共中央文献研究室编:《习近平关于社会主义经济建设论述摘编》,中央文献出版社2017年版,第30、31页。

2016年1月，在省部级主要领导干部学习贯彻党的十八届五中全会精神专题研讨班上的讲话中，习近平总书记将社会主义生产目的概括为"人民群众对美好生活的向往"，并进一步与"以人民为中心的发展思想"相联系："要通过深化改革、创新驱动，提高经济发展质量和效益，生产出更多更好的物质精神产品，不断满足人民日益增长的物质文化需要。"①2016年7月，习近平总书记在庆祝中国共产党成立95周年大会上的讲话中指出："我们要顺应人民群众对美好生活的向往，坚持以人民为中心的发展思想……使改革发展成果更多更公平惠及全体人民，朝着实现全体人民共同富裕的目标稳步迈进。"②

（二）社会主义生产目的的具体化

在"人民对美好生活的向往"的概括下，习近平总书记进一步将社会主义生产目的具体化为教育、工作、收入、社会保障、医疗卫生服务、居住条件和环境几个方面，指出"人民对美好生活的向往，就是我们的奋斗目标"③。而要实现美好生活，则要求"幼有所育、学有所教、劳有所得、病有所医、老有所养、住有所居、弱有所扶"④，让人民群众拥有"更好的教育、更稳定的工作、更满意的收入、更可靠的社会保障、更高水平的医疗卫生服务、更舒适的居住条件、更优美

---

① 习近平：《在省部级主要领导干部学习贯彻党的十八届五中全会精神专题研讨班上的讲话》，人民出版社2016年版，第24—25页。
② 习近平：《在庆祝中国共产党成立95周年大会上的讲话》，人民出版社2016年版，第18—19页。
③ 中共中央文献研究室编：《十八大以来重要文献选编》（上），中央文献出版社2014年版，第70页。
④ 《习近平谈治国理政》第三卷，外文出版社2020年版，第18页。

的环境"①。更为具体的是,2016年在中央财经领导小组第十四次会议上的讲话中,习近平进一步强调,全面建成小康社会,人民群众关心的问题"是食品安不安全、暖气热不热、雾霾能不能少一点、河湖能不能清一点、垃圾焚烧能不能不有损健康、养老服务顺不顺心、能不能租得起或买得起住房,等等"②。只有真正确立以人民为中心的根本立场,才能把社会主义生产目的具体化为各个方面的实践目标。这也就要求中国特色社会主义政治经济学要从人民对美好生活的向往出发开展理论研究,真正做到把论文写在祖国大地上。

正是为了达到具体化的社会主义生产目的,满足人民对美好生活的向往,党的十八大站在历史和全局的战略高度,对推进新时代"五位一体"总体布局作了全面部署。从经济、政治、文化、社会、生态文明五个方面,制定了新时代统筹推进"五位一体"总体布局的战略目标。要坚持新发展理念,建设现代化经济体系,以供给侧结构性改革为主线,推动经济发展质量变革、效率变革、动力变革,不断解放和发展社会生产力。要坚持人民当家作主,把中国社会主义民主政治的优势和特点充分发挥出来,保证人民当家作主落实到国家政治生活和社会生活之中。要坚持社会主义核心价值体系,发展中国特色社会主义文化,坚持创造性转化、创新性发展。要坚持在发展中保障和改善民生,在发展中补齐民生短板、促进社会公平正义,在幼有所育、学有所教、劳有所得、病有所医、老有所养、住有所居、弱有所扶上不断取得新进展。要坚持人与自然和谐共生,形成节约资源和保护环

---

① 《习近平谈治国理政》第一卷,外文出版社2018年版,第4页。
② 中共中央文献研究室编:《习近平关于社会主义经济建设论述摘编》,中央文献出版社2017年版,第47页。

境的空间格局、产业结构、生产方式、生活方式,还自然以宁静、和谐、美丽。

本讲小结

坚持以人民为中心,是中国特色哲学社会科学的根本立场。政治经济学是以物质资料生产方式和生产关系作为研究对象的,因此,社会主义政治经济学意义上的"坚持以人民为中心",就是要求社会主义政治经济学必须从人民群众的需要出发,研究和分析社会主义生产目的。中国特色社会主义政治经济学正是从当前社会主要矛盾出发,准确理解和把握人民对美好生活的向往,并把这种美好生活向往具体化为经济、政治、文化、社会、生态文明五个方面内容,深刻阐述了中国特色社会主义生产目的及实现这一目的手段,在社会主义基本经济规律的探讨上取得了突破性成果。

第三讲
社会主义基本经济制度

党的十九届四中全会提出："坚持公有制为主体、多种所有制经济共同发展和按劳分配为主体、多种分配方式并存,把社会主义制度和市场经济有机结合起来,不断解放和发展社会生产力的显著优势。"明确社会主义基本经济制度包括生产资料所有制、收入分配制度以及市场经济体制三个方面,旗帜鲜明地强调必须坚持社会主义基本经济制度,是中国特色社会主义政治经济学的重大理论特征。

一、生产关系与经济制度

(一)生产关系、经济基础与经济制度三者之间的关系

经济制度是生产关系和经济基础这两个理论概念的政策表达。每个社会都有与其生产力水平相适应的生产关系,而这些生产关系的总和构成的社会经济结构就成为社会经济基础。经济制度是这两者的政策表达,它既可以体现在国家政策体系中,也可以是在法律上得以明确的一套制度。

至于生产关系和经济基础的内容，斯大林在1952年发表的《苏联社会主义经济问题》中进行了界定，他指出："政治经济学的对象是人们的生产关系，即经济关系。这里包括：（一）生产资料的所有制形式；（二）由此产生的各种不同社会集团在生产中的地位以及他们的相互关系，或如马克思所说的，'互相交换其活动'；（三）完全以它们为转移的产品分配形式。"[1] 由此，生产关系被概括为生产资料所有制、人们在生产中的地位以及相互关系和产品分配形式三者的综合体。因此，经济制度也就理应包含这三部分内容。

（二）生产资料所有制的重要地位

生产资料所有制在社会经济体中占有重要地位。马克思主义认为，生产资料所有制是决定社会经济形态性质的核心因素。在把社会形态演进划分为原始社会、奴隶社会、封建社会、资本主义社会以及共产主义社会的"五阶段论"中，划分社会形态的标准和依据正是生产资料所有制。在阶级社会中，占有生产资料的集团即成为统治阶级，而丧失生产资料的集团就成为被统治阶级。共产主义社会取代资本主义社会的根本标志，即是消灭资本主义生产资料私有制。马克思、恩格斯在《共产党宣言》中以无比坚定的语言指出："共产党人可以把自己的理论概括为一句话：消灭私有制。"[2]

尽管生产资料所有制占据了十分重要的地位，但是，并不应就此把生产关系完全等同于生产资料所有制。在斯大林有关"生产关系"

---

[1] 斯大林：《苏联社会主义经济问题》，人民出版社1961年版，第58页。
[2] 《马克思恩格斯选集》第一卷，人民出版社2012年版，第414页。

内容的界定中,"人们在生产中的地位以及相互关系"是一个很抽象的概念,具体所指的内容十分模糊。相反,"生产资料所有制"和"产品分配形式"都是比较具体的概念,容易为人们理解和把握。由于《苏联社会主义经济问题》和《苏联政治经济学教科书》在当时的社会主义国家产生了巨大的影响,因此,在很长的一段时间里,社会主义政治经济学都把生产关系具象化为生产资料所有制和产品分配形式,同时,由于产品分配形式又是由生产资料所有制决定的,因此,生产关系概念进一步被简化为生产资料所有制关系,"经济制度"被人为地等同于"生产资料所有制",并成为决定其他经济范畴的关键因素。我们认为,这种做法对社会主义国家的经济建设和经济发展,以及社会主义政治经济学本身的发展,都产生了极其深远的影响。

二、公有制为主体、多种所有制经济共同发展

(一)坚持完善基本经济制度必须毫不动摇巩固和发展公有制经济

习近平总书记指出:"马克思主义政治经济学认为,生产资料所有制是生产关系的核心,决定着社会的基本性质和发展方向。"[①]在我国,公有制经济是社会主义生产关系的核心,是社会主义的经济基

[①] 中共中央党史和文献研究院编:《十八大以来重要文献选编》(下),中央文献出版社2018年版,第4—5页。

础；没有公有制的主体地位，就没有社会主义的基本制度，坚持公有制主体地位，发挥国有经济的主导作用，是坚持社会主义的根本。

公有制经济是社会主义国家促进经济建设、保障社会稳定、改善人民生活、实现共同富裕、维护国家安全、倡行公平正义的经济基础。习近平总书记指出："我国是中国共产党领导的社会主义国家，公有制经济是长期以来在国家发展历程中形成的，为国家建设、国防安全、人民生活改善作出了突出贡献，是全体人民的宝贵财富，当然要让它发展好，继续为改革开放和现代化建设作出贡献。"[1] 公有制经济和国有企业的重要作用体现在以下多个方面。一是引领自主创新水平，促进产业结构转型升级。观察世界科技发展走势，国有企业不断从"跟跑者""追赶者"的角色，转变为"并跑者""领跑者"的角色，在日渐增多的关键核心技术和产业发展方面领先，如大规模集成电路、特高压输变电、高速铁路、载人航天、深海探测、C919大型客机、大型桥梁建造等一系列重大科技攻关项目的实施。二是承担急难险重任务，有效保障社会稳定。在重大自然灾害和突发事件面前，国有企业坚决贯彻党的意志，坚决执行政府指令，不惜一切代价，冲锋在前，不辱使命，充分体现了共和国经济建设的"中流砥柱"作用。在抗击新冠疫情的斗争中，国有企业听党指挥，承担了大批重大紧急工程建设和疫情防控物资供应任务，保障了广大城乡的煤电油气供应，维护了通信和交通运输的顺畅运行，确保了居民生活必需品供应，真正做到了习近平总书记指出的"关键时刻听指挥、拉得出，危

---

[1] 中共中央党史和文献研究院编：《十八大以来重要文献选编》（下），中央文献出版社2018年版，第246页。

急关头冲得上、打得赢"①的使命和担当。三是在高质量发展中推动共同富裕。国有企业属于全民所有,是壮大国家综合实力、保障人民共同利益的重要力量,更是党领导人民实现共同富裕的重要物质基础,必然要在推进共同富裕征程中发挥重要作用,提供强劲动力。党的十八大以来,国有企业着力推动高质量发展,承担了更为广泛的社会责任,在精准扶贫、乡村振兴、保障就业、对口支援经济欠发达地区等工作中发挥了重要作用,为实现全体人民共同富裕作出了巨大贡献。四是辐射上下游产业链,带动中小企业发展。国有企业在核心科技和战略产业的大发展,从价格普惠、人才输送、技术溢出、资本救援等多方面惠及和支持了民营企业。比如,国机集团下属的科研院有70%的技术是提供给民营企业的;在平板显示领域,国有企业京东方液晶面板供求变化导致价格大幅下降,拓展了处于产业链下游民营企业的利润空间。

发挥国有经济主导作用,不断增强国有经济活力、控制力、影响力是巩固发展我国社会主义制度之必需。"决不能让大量国有资产闲置了、流失了、浪费了。我们推进国有企业改革发展、加强对国有资产的监管、惩治国有资产领域发生的腐败现象,都是为了这个目的。"② 中国特色社会主义进入新时代,公有制经济和国有企业在我国经济建设中发挥了重要作用,自身也在不断壮大。《国务院关于2020年度国有资产管理情况的综合报告》统计得出:2020年,全国国有企业(不含金融企业)资产总额268.5万亿元、负债总额171.5万亿

---

① 习近平:《论坚持全面深化改革》,中央文献出版社2018年版,第290页。
② 中共中央党史和文献研究院编:《十九大以来重要文献选编》(上),中央文献出版社2019年版,第673—674页。

元、国有资本权益76.0万亿元；全国国有金融企业资产总额323.2万亿元、负债总额288.6万亿元，形成国有资产22.7万亿元；全国行政事业性国有资产总额43.5万亿元、负债总额11.2万亿元、净资产32.3万亿元。"十三五"时期，中央企业资产总额连续突破50万亿元、60万亿元关口，2020年底是69.1万亿元，年均增速达到了7.7%。从经营效率看，截至2020年底，全国国资系统监管企业营业收入为59.5万亿元、利润总额达到了3.5万亿元，"十三五"时期的年均增速分别是12.7%、7.4%、10.7%。在国有自然资源资产方面，截至2020年底，全国国有土地总面积52333.8万公顷（785006.9万亩）。根据《联合国海洋法公约》有关规定和我国主张，管辖海域面积约300万平方千米。2020年，全国水资源总量31605.2亿立方米。

（二）坚持完善基本经济制度必须毫不动摇鼓励、支持、引导非公有制经济发展

改革开放后，我们党总结社会主义建设正反两方面的经验，确立了公有制为主体、多种所有制经济共同发展的社会主义初级阶段的基本经济制度。在这个过程中，我国非公有制经济在稳定增长、促进创新、增加就业、改善民生等方面发挥了重要作用，已经成为保持经济持续健康发展不可或缺的重要力量。概括来说，民营经济具有"五六七八九"的特征，即贡献了50%以上的税收、60%以上的国内生产总值、70%以上的技术创新成果、80%以上的城镇劳动就业、90%以上的企业数量。在世界500强企业中，我国民营企业由2010年的1家增加到2018年的28家。我国民营经济已经成为推动我国发展

不可或缺的力量，成为创业就业的主要领域、技术创新的重要主体、国家税收的重要来源，为我国社会主义市场经济发展、政府职能转变、农村富余劳动力转移、国际市场开拓等发挥了重要作用。

党的十八大以来，以习近平同志为核心的党中央对于非公有制经济的发展给予了毫不动摇的坚定支持，使我们对非公有制经济的认识更加明晰，对进一步推动非公有制经济健康发展的举措更加规范。习近平总书记在《关于〈中共中央关于全面深化改革若干重大问题的决定〉的说明》中就非公有制经济在我国经济社会发展中的功能定位、政策待遇等给予了进一步明确。"在功能定位上，明确公有制经济和非公有制经济都是社会主义市场经济的重要组成部分，都是我国经济社会发展的重要基础；在产权保护上，明确提出公有制经济财产权不可侵犯，非公有制经济财产权同样不可侵犯；在政策待遇上，强调坚持权利平等、机会平等、规则平等，实行统一的市场准入制度；鼓励非公有制企业参与国有企业改革，鼓励发展非公有资本控股的混合所有制企业，鼓励有条件的私营企业建立现代企业制度。"①

改革开放以来，社会上对非公有制经济的质疑、责难乃至否定的声音一直没有停止过。不可否认的是，非公有制经济本质上属于私有制经济范畴，无论是个体经济、私营经济还是外资经济，都不可避免地带有私有制经济的本质特征，如经营目的是追求利润，在经营管理上存在资本剥削劳动的生产关系。近年来，随着数字经济、平台经济的发展，一些互联网巨头大肆扩张，损害消费者和广大人民群众的根本利益。党中央为此多次作出"遏制资本无序扩张"的指示和要

---

① 习近平：《论坚持全面深化改革》，中央文献出版社2018年版，第33—34页。

求。近年来,所谓"民营经济离场论""新公私合营论"等各种论调一时又起。对此,习近平总书记旗帜鲜明、态度坚定地予以批驳。他在2016年3月4日看望出席全国政协十二届四次会议民建、工商联界委员并参加联组讨论时,再次重申"两个毫不动摇",宣示"三个没有变",并鼓励非公有制经济在新常态下要有新作为、新发展。他说:"我们党在坚持基本经济制度上的观点是明确的、一贯的,而且是不断深化的,从来没有动摇。中国共产党党章都写明了这一点,这是不会变的,也是不能变的。"[①]2018年11月1日,他主持召开民营企业座谈会并发表重要讲话。他坚定地说:"一段时间以来,社会上有的人发表了一些否定、怀疑民营经济的言论。""这些说法是完全错误的,不符合党的大政方针。""任何否定、怀疑、动摇我国基本经济制度的言行都不符合党和国家方针政策,都不要听、不要信!所有民营企业和民营企业家完全可以吃下定心丸、安心谋发展!"他指出:"民营经济是我国经济制度的内在要素,民营企业和民营企业家是我们自己人。民营经济……也是我们党长期执政、团结带领全国人民实现'两个一百年'奋斗目标和中华民族伟大复兴中国梦的重要力量。在全面建成小康社会、进而全面建设社会主义现代化国家的新征程中,我国民营经济只能壮大、不能弱化,不仅不能'离场',而且要走向更加广阔的舞台。"[②]民营经济、民营企业家是"内在要素",是"自己人",是实现中华民族伟大复兴中国梦的重要力量,这些新的论述是过去党的主要领导人没有讲过的。

[①] 中共中央党史和文献研究院编:《十八大以来重要文献选编》(下),中央文献出版社2018年版,第246页。
[②] 中共中央党史和文献研究院编:《十九大以来重要文献选编》(上),中央文献出版社2019年版,第674—675页。

（三）坚持完善基本经济制度必须坚持"两个毫不动摇"的有机统一

我国的社会主义性质决定了我们必须毫不动摇地坚持公有制为主体、国有经济为主导，不断发展壮大国有经济；我国处于并将长期处于社会主义初级阶段的基本国情，决定了我们必须毫不动摇地鼓励、支持、引导非公有制经济的发展。两者统一于整个社会主义初级阶段，缺一不可。对此，习近平总书记指出："我们强调把公有制经济巩固好、发展好，同鼓励、支持、引导非公有制经济发展不是对立的，而是有机统一的。我们国家这么大、人口这么多，又处于并将长期处于社会主义初级阶段，要把经济社会发展搞上去，就要各方面齐心协力来干，众人拾柴火焰高。公有制经济、非公有制经济应该相辅相成、相得益彰，而不是相互排斥、相互抵消。""任何想把公有制经济否定掉或者想把非公有制经济否定掉的观点，都是不符合最广大人民根本利益的，都是不符合我国改革发展要求的，因此也都是错误的。"[①]

把"两个毫不动摇"统一起来，要求处理好公有制经济和非公有制经济两者之间的关系，促进两者协调发展、相伴共生、共同促进。最大程度激发各类市场主体活力，促使各种所有制经济健康发展，会在更长远的时段推动中国经济行稳致远、赢得未来。坚持"两个毫不动摇"，要进一步发挥国有经济的战略支撑作用，大力实施国企改革三年行动，以深化国资国企改革，激发新发展活力，加快国有经济布

---

① 中共中央党史和文献研究院编：《十八大以来重要文献选编》（下），中央文献出版社 2018 年版，第 246—247 页。

局优化和结构调整，分层分类深化混合所有制改革，坚持因地施策、因业施策、因企施策，宜独则独、宜控则控、宜参则参，既支持民营企业等社会资本参与国有企业混合所有制改革，又鼓励国有资本投资入股民营企业，推动形成国企与民企合作共赢的新格局。

三、按劳分配为主体、多种分配方式并存

坚持完善基本经济制度必须坚持完善按劳分配为主体、多种分配方式并存的分配制度。2019年党的十九届四中全会通过的《中共中央关于坚持和完善中国特色社会主义制度 推进国家治理体系和治理能力现代化若干重大问题的决定》，将"按劳分配为主体、多种分配方式并存"的分配制度与"社会主义市场经济体制""公有制为主体、多种所有制经济共同发展"并列，上升为社会主义基本经济制度。马克思主义政治经济学认为："消费资料的任何一种分配，都不过是生产条件本身分配的结果；而生产条件的分配，则表现生产方式本身的性质。"[1]我国生产资料公有制的主体地位决定了我们必须坚持按劳分配原则；由于社会主义初级阶段非公有制经济的存在和发展，我国还必须承认并保护生产要素所有者凭借要素所有权获得报酬的权利。因此，改革开放以来，我们逐步确立了按劳分配为主体、多种分配方式并存的社会主义初级阶段的基本经济制度。这一分配制度有利于调动

---

[1] 《马克思恩格斯文集》第三卷，人民出版社2009年版，第436页。

广大劳动者和各种生产要素所有者的生产经营积极性，有利于实现公平和效率的有机统一，有利于促进中国特色社会主义的发展。

但是，由于各种原因，我国的分配领域还存在一些比较突出的问题。"主要是收入差距拉大、劳动报酬在初次分配中的比重较低、居民收入在国民收入分配中的比重偏低。对此，我们要高度重视，努力推动居民收入增长和经济增长同步、劳动报酬提高和劳动生产率提高同步，不断健全体制机制和具体政策，调整国民收入分配格局，持续增加城乡居民收入，不断缩小收入差距。"① 当前，我国居民收入分配差距还比较明显，部分领域甚至十分突出。城乡之间、行业之间、区域之间、劳资之间都还存在着较大的收入分配差距，亟待通过完善收入分配制度加以解决。

针对这些问题，习近平总书记在党的十九大报告中指出："坚持按劳分配原则，完善按要素分配的体制机制，促进收入分配更合理、更有序。鼓励勤劳守法致富，扩大中等收入群体，增加低收入者收入，调节过高收入，取缔非法收入。坚持在经济增长的同时实现居民收入同步增长、在劳动生产率提高的同时实现劳动报酬同步提高。拓宽居民劳动收入和财产性收入渠道。履行好政府再分配调节职能，加快推进基本公共服务均等化，缩小收入分配差距。"② 2021年8月17日习近平主持召开中央财经委员会第十次会议，研究扎实促进共同富裕问题。习近平在会上发表重要讲话强调，共同富裕是社会主义的本质要求，是中国式现代化的重要特征，要坚持以人民为中心的发展思

---

① 中共中央党史和文献研究院编：《十八大以来重要文献选编》（下），中央文献出版社2018年版，第5页。
② 中共中央党史和文献研究院编：《十九大以来重要文献选编》（上），中央文献出版社2019年版，第33页。

想,在高质量发展中促进共同富裕。①习近平总书记在党的二十大报告中指出:"分配制度是促进共同富裕的基础性制度。坚持按劳分配为主体、多种分配方式并存,构建初次分配、再分配、第三次分配协调配套的制度体系。努力提高居民收入在国民收入分配中的比重,提高劳动报酬在初次分配中的比重。坚持多劳多得,鼓励勤劳致富,促进机会公平,增加低收入者收入,扩大中等收入群体。完善按要素分配政策制度,探索多种渠道增加中低收入群众要素收入,多渠道增加城乡居民财产性收入。加大税收、社会保障、转移支付等的调节力度。完善个人所得税制度,规范收入分配秩序,规范财富积累机制,保护合法收入,调节过高收入,取缔非法收入。引导、支持有意愿有能力的企业、社会组织和个人积极参与公益慈善事业。"②

在具体的实践过程中,我们应当坚持按劳分配为主体、多种分配方式并存的社会主义初级阶段的基本经济制度,致力于形成合理有序的收入分配格局。第一,着重保护劳动所得,努力实现劳动报酬增长和劳动生产率提高同步,提高劳动报酬在初次分配中的比重。健全工资决定和正常增长机制,完善最低工资和工资支付保障制度,完善企业工资集体协商制度。改革机关事业单位工资和津贴补贴制度,完善艰苦边远地区津贴增长机制。同时,健全资本、知识、技术、管理等由要素市场决定的报酬机制。扩展投资和租赁服务等途径,优化上市公司投资者回报机制,保护投资者尤其是中小投资者合法权益,多渠

---

① 参见《习近平主持召开中央财经委员会第十次会议强调 在高质量发展中促进共同富裕 统筹做好重大金融风险防范化解工作》,《人民日报》2021年8月18日。
② 习近平:《高举中国特色社会主义伟大旗帜 为全面建设社会主义现代化国家而团结奋斗——在中国共产党第二十次全国代表大会上的报告》,人民出版社2022年版,第46—47页。

道增加居民财产性收入。第二,完善以税收、社会保障、转移支付为主要手段的再分配调节机制,加大税收调节力度。建立公共资源出让收益合理共享机制。完善慈善捐助减免税制度,发挥慈善事业等"第三次分配"在扶贫济困中的积极作用。第三,规范收入分配秩序,完善收入分配调控体制机制和政策体系,建立个人收入和财产信息系统,保护合法收入,调节过高收入,清理规范隐性收入,取缔非法收入,增加低收入者收入,扩大中等收入者比重,努力缩小城乡、区域、行业收入分配差距,逐步形成橄榄型分配格局。

四、社会主义市场经济体制

(一)社会主义市场经济体制的发展历程和本质特征

社会主义市场经济是中国共产党和中国人民的伟大创造。在社会主义基本制度下实现市场经济,马克思主义创始人没有谈到过,西方经济学更是对此付之阙如。中国特色社会主义之所以取得举世公认的伟大成就,社会主义市场经济体制发挥了巨大作用。

我国社会主义市场经济体制的建立和完善,经历了一个比较长的过程。党的十一届三中全会对我国原有的高度集中的计划经济体制进行了分析,针对这一经济体制存在的一些弊端提出了一系列改革措施,主要集中在让微观经济主体拥有更多的经营管理自主权上,并强调要坚决按经济规律办事,重视价值规律的作用。1981年6月,党的十一届六中全会通过的《中国共产党中央委员会关于建国以来党的若干历史问题的决议》提出，"必须在公有制基础上实行计划经济，同时发挥市场调节的辅助作用"。1982年9月，党的十二大将经济体制的基本构架概括为"计划经济为主、市场调节为辅"，并提出"正确贯彻计划经济为主、市场调节为辅的原则，是经济体制改革中的一个根本性的问题"。这些提法都表明，在改革开放初期，市场作为一种"调节机制"进入改革者的视野，彼时的市场还仅仅是作为计划体制的必要补充而存在的。

1984年10月，党的十二届三中全会通过的《中共中央关于经济体制改革的决定》明确提出："社会主义计划经济必须自觉依据和运用价值规律，是在公有制基础上的有计划的商品经济"；"商品经济的充分发展，是社会经济发展的不可逾越的阶段，是实现我国经济现代化的必要条件"。1987年10月，党的十三大根据我国经济体制改革发展新的实践，提出了建立"计划与市场内在统一的体制"的改革思路，认为社会主义商品经济的发展离不开市场的发育和完善，利用市场调节决不等于搞资本主义，明确提出建立"国家调节市场，市场引导企业"为特征的经济体制的运行模式，这表明，党和政府开始把计划和市场放在同一个层面对待，市场已经不再仅仅作为计划体制的补充手段发挥作用了。

1992年10月，党的十四大明确提出我国经济体制改革的目标是建立社会主义市场经济体制。1993年11月，党的十四届三中全会通过的《中共中央关于建立社会主义市场经济体制若干问题的决定》提出了社会主义市场经济体制的基本框架，对建设什么样的社会主义市场经济、怎样建设社会主义市场经济问题作出了初步回答。在这一基础上，我们对市场与计划关系的认识在不断深化，对社会主义市场经济体制的本质和内容的认识在不断完善。需要强调的是，我国市场经济是社会主义市场经济，社会主义基本制度的前提必须坚持，不能有丝毫马虎。资本主义私有制基础上的自由市场经济，提倡小政府大社会，国家调控经济手段有限、施展乏力，造成严重的两极分化，带来了社会动荡及其他大量的社会弊端，绝不是我国市场经济的发展方向。习近平总书记指出："我们是在中国共产党领导和社会主义制度的大前提下发展市场经济，什么时候都不能忘了'社会主义'这个定语。之所以说是社会主义市场经济，就是要坚持我们的制度优越性，有效防范资本主义市场经济的弊端。我们要坚持辩证法、两点论，继续在社会主义基本制度与市场经济的结合上下功夫，把两方面优势都发挥好，既要'有效的市场'，也要'有为的政府'，努力在实践中破解这道经济学上的世界性难题。"①

（二）处理好政府和市场的关系

完善社会主义市场经济体制的核心问题是处理好政府和市场的关系，这也是我国经济体制改革的核心问题。习近平总书记指出："坚持社会主义市场经济改革方向，核心问题是处理好政府和市场的关系，使市场在资源配置中起决定性作用和更好发挥政府作用。这是我们党在理论和实践上的又一重大推进。"② 在《关于〈中共中央关于全

---

① 中共中央党史和文献研究院编：《十八大以来重要文献选编》（下），中央文献出版社2018年版，第6页。
② 中共中央文献研究室编：《习近平关于全面深化改革论述摘编》，中央文献出版社2014年版，第62页。

面深化改革若干重大问题的决定〉的说明》中，习近平总书记又指出："关于使市场在资源配置中起决定性作用和更好发挥政府作用。这是这次全会决定提出的一个重大理论观点。这是因为，经济体制改革仍然是全面深化改革的重点，经济体制改革的核心问题仍然是处理好政府和市场关系。"①

坚持和完善社会主义市场经济体制是一项复杂的系统工程，涉及市场体系建设、国家宏观管理、微观企业制度、健全社会保障体系等多个领域多个方面。这些问题的核心是政府和市场的关系，抓住了政府和市场的关系问题就牵住了坚持完善社会主义市场经济体制的"牛鼻子"。事实上，政府和市场的关系也是西方市场经济国家一直在探究、始终没解决的问题。纵观西方资本主义国家的市场经济发展史，自由放任主义和国家干预主义轮流占据主导地位。以亚当·斯密为代表的古典经济学派力主完全由市场配置资源，政府仅只充当"守夜人"的角色。随着20世纪30年代席卷资本主义世界的经济危机的爆发，凯恩斯主义国家干预经济的政策主张大行其道。伴随20世纪70年代西方资本主义世界陷入严重的"滞胀"，所谓新自由主义经济学大放光彩。2008年国际金融危机之后，西方对新自由主义兴起了新一轮的反思。某种意义上说，西方市场经济的发展史就是一部处理政府和市场关系的摇摆史。我国社会主义市场经济体制还在不断地完善过程中，当然存在着这样那样的问题，西方资本主义国家的经验有一定的借鉴意义，但社会性质的不同决定了我们必须独立自主地走出一条社会主义市场经济体制的建设和发展之路。

---

① 中共中央文献研究室编：《习近平关于全面深化改革论述摘编》，中央文献出版社2014年版，第55页。

党的十四大以来，我们党一直在根据实践拓展和深化对政府与市场关系的科学认识。党的十五大提出"使市场在国家宏观调控下对资源配置起基础性作用"，党的十六大提出"在更大程度上发挥市场在资源配置中的基础性作用"，党的十七大提出"从制度上更好发挥市场在资源配置中的基础性作用"，党的十八大提出"更大程度更广范围发挥市场在资源配置中的基础性作用"，党的十九大提出"使市场在资源配置中起决定性作用"，党的二十大提出"充分发挥市场在资源配置中的决定性作用"。可见，我们党对政府与市场关系的认识也在随实践的发展而不断拓展与深化。党的十八届三中全会提出"使市场在资源配置中起决定性作用和更好发挥政府作用"事实上是对政府与市场的边界进行了更为清晰的界定。使市场在资源配置中起决定性作用意味着市场机制将在资源配置中最大程度上发挥作用，实现资源配置效率的最优化。这对于转换经济发展方式、推动经济高质量发展意义重大。而更好发挥政府作用则意味着政府权力进一步从市场退出，转而将自身职能聚焦于维护市场秩序、强化市场监管、增强公共服务和产品的供给等宏观调控领域。同时，政府职能的转变必然也会剥离相当一部分依附于行政权力的政策性资源与要素资源，这对于净化市场环境、抑制消极腐败等都具有重要意义。

（三）把市场经济体制与社会主义基本经济制度有机结合起来

对于社会主义市场经济而言，既不能根据西方经济学的"二分法"来理解政府与市场的关系，也不能用"小政府大市场""大政府小市场"这种概念来理解社会主义市场经济。中国特色社会主义是社会主义的特殊历史形态，与马克思主义经典作家所设想的不同，中国特色社会主义是在生产力水平远远落后于资本主义发达国家的基础上建立起来的。在西方经济学看来，现代市场经济是微观市场主体与国家宏观调控的混合物，在这种分析框架中，"国家"和"政府"被视作同一概念。而作为市场的对应面，政府仅仅是作为调节市场失灵的宏观调控机构出现的，因此，国家的经济职能只局限于执行货币政策、财政政策这些具体的宏观调控政策。而马克思主义唯物史观认为，国家是人类社会发展到一定阶段的产物，国家一方面是阶级统治的工具，另一方面也维护着公共利益。但是，国家所维护的公共利益是其代表的阶级利益。作为上层建筑的重要形式之一，国家参与到社会生产和再生产的过程中，发挥着保护经济基础和社会生产关系的作用。也正是在这个意义上，资本主义国家是以其"总资本家"的身份来维护资产阶级的整体利益的，政府的宏观调控则作为一种事后调节机制，避免经济危机葬送整个资本主义制度。

中国特色社会主义政治经济学把经济活动中的"政府"上升到国家层面，通过对国家本质的深刻认识来把握"经济与政治的关系"。我国政府不仅是社会公共事务的管理者，同时也是广大人民群众根本利益的代表，是社会主义经济制度的捍卫者。习近平总书记指出："在社会主义条件下发展市场经济，是我们党的一个伟大创举。我国经济发展获得巨大成功的一个关键因素，就是我们既发挥了市场经济的长处，又发挥了社会主义制度的优越性。我们是在中国共产党领导和社会主义制度的大前提下发展市场经济，什么时候都不能忘了'社会主义'这个定语。"①在这个方针的指导下，中国特色社会主义政治经济学从以下两个方面提炼了市场经济体制与社会主义制度有机结合的关键点。

第一个关键点在于，市场经济体制与社会主义制度是通过中国特色宏观调控结合起来的。在社会主义市场经济条件下，中国特色社会主义宏观调控与资本主义国家的宏观调控呈现出很大差异。2020年5月，中共中央、国务院颁布的《关于新时代加快完善社会主义市场经济体制的意见》指出，完善政府经济调节、市场监管、社会管理、公共服务、生态环境保护等职能，创新和完善宏观调控，进一步提高宏观经济治理能力。党的十九届五中全会指出："健全以国家发展规划为战略导向，以财政政策和货币政策为主要手段，就业、产业、投资、消费、环保、区域等政策紧密配合，目标优化、分工合理、高效协同的宏观经济治理体系。"②中国特色社会主义宏观调控不仅仅从社会总需求和总供给的平衡来展开调控，而且要做到以下几个方面：在调控导向上，注意处理好长期和短期之间的关系、改革与发展之间的关系、效率与公平之间的关系；在调控目标上，注意协调好经济增长、价格稳定、充分就业、国际收支平衡等目标之间的关系；在调控手段上，除总量性地实施财政政策、货币政策外，还通过制定经济计划、中长期发展规划、国民经济和社会发展重大战略，有针对性地实施价格政策、产业政策、收入政策、区域发展战略和对外开放战略，开展差异性的精准调控，着力解决发展的不平衡不充分问题，致力于

---

① 中共中央文献研究室编：《习近平关于社会主义经济建设论述摘编》，中央文献出版社2017年版，第64页。
② 《中国共产党第十九届中央委员会第五次全体会议文件汇编》，人民出版社2020年版，第39页。

满足人民群众对美好生活的向往。

第二个关键点在于，市场经济体制与社会主义制度是通过国家的公有制经济出资人地位结合起来的。以公有制为主体是我国经济制度的根本特征，国有经济是公有制经济的重要组成部分。尽管国有企业是以独立的市场主体身份出现的，但这并没有否定国家作为公有制经济的出资人地位，这种出资人地位在社会经济生活的各个方面都发挥着重要作用，在生产、流通、分配、消费等各个环节都有所体现。一是在直接生产中，公有制经济将满足人民群众的物质文化需要作为首要生产目的，更侧重于"使用价值最大化"的经营导向，在与非公有制经济的竞争中，兼顾利润和质量两个层面的目标。二是在流通和交换过程中，国有企业在产业上下游扮演重要的生产资料供应商角色，通过价格和销量控制体现国家的产业政策意图。三是在产品分配中，国有企业不仅要根据法律法规要求缴纳税款，同时还要上交相当额度的利润，体现国家作为公有制经济出资人的盈利要求。在处理企业与员工的利益关系时，国有企业更侧重于从员工劳动力再生产需要出发为其提供劳动报酬，而不是把工资作为企业的成本项与利润对立起来。四是在消费活动中，国有企业通过向广大消费者提供高质量的产品和服务，有针对性地引导消费需求的健康发展。

概括来说，市场经济体制与社会主义基本经济制度的结合，就是要体现国家通过公有制经济和国有企业这一微观载体的作用，综合运用货币政策、财政政策、收入政策、价格政策、经济计划、中长期规划、重大发展战略等手段和工具，创造性地实施中国特色社会主义宏观调控政策，更好地实现"以人民为中心"的社会主义生产目的。

本讲小结

生产关系是政治经济学的核心研究内容之一，制度化的生产关系即成为基本经济制度。改革开放以来，我们对社会主义基本经济制度的认识经历了一个变化过程，先是把基本经济制度界定为单纯的生产资料所有制，之后又把收入分配制度也纳入其中。党的十九届四中全会在基本经济制度方面取得了突破性认识，把生产资料所有制、收入分配制度和社会主义市场经济体制都纳入社会主义基本经济制度的范畴，形成了一个更加完整的整体。

第四讲
把握新发展阶段

党的十八大以来，中国特色社会主义进入新时代。如何把握中国发展的新阶段，理解我们所处的历史新方位，就成为制定发展战略和经济政策的先决条件。一方面，我们完成了全面建成小康社会的第一个百年奋斗目标；另一方面，中国经济增长出现新常态。两方面因素既提示我们正处在突破中等收入陷阱的关键节点，同时也标志着社会主义初级阶段进入一个新的发展阶段。

一、全面建成小康社会

党的十八大以来，在新中国成立以来、改革开放以来所取得的建设成果基础上，以习近平同志为核心的党中央践行"脱贫路上一个也不能少"的庄严承诺，在中华大地上打响了人类历史上规模空前、力度最大、惠及人口最多的脱贫攻坚战。面对脱贫边际成本不断攀升、减贫难度逐渐增大的严峻挑战，党和人民披荆斩棘、栉风沐雨，团结一心，英勇奋斗，锻造形成了"上下同心、尽锐出战、精准务实、开拓创新、攻坚克难、不负人民"的脱贫攻坚精神。到2020年底，现行标准下9899万农村贫困人口全部脱贫，完成了消除绝对贫困的艰巨任务。中国的减贫实践，创造了人类减贫史上的伟大奇迹。联合国秘书长古特雷斯赞扬，"过去10年，中国是为全球减贫作出最大贡献的国家"。

（一）"三步走"的建设目标

20世纪80年代，邓小平首先提出了著名的"三步走"战略，即第一步，从1981年到1990年，国民生产总值比1980年翻一番，实现温饱；第二步，从1991年到20世纪末，国民生产总值再翻一番，人民生活总体上达到小康；第三步，到21世纪中叶，人均国民生产总值达到中等发达国家水平，基本实现现代化。在世纪之交，江泽民提出了新"三步走"战略，具体来说，第一步，从2000年开始，经过十年奋斗，实现国民生产总值比2000年翻一番，使人民的小康生活更加宽裕，形成比较完善的社会主义市场经济体制；第二步，从2010年开始再经过十年的努力，到建党一百年时，使国民经济更加发展，各项制度更加完善；第三步，到21世纪中叶新中国成立一百年时，基本实现现代化，建成富强民主文明的社会主义国家。党的十九大提出了全面建设社会主义现代化国家的"三阶段"战略部署，即从2017年到2020年，是全面建成小康社会决胜期；从2020年到2035年，基本实现社会主义现代化；从2035年到21世纪中叶，把我国建成富强民主文明和谐美丽的社会主义现代化强国。党的二十大延续了这一全面建成社会主义现代化强国的战略安排。

(二)消除绝对贫困

贫困是世界性问题,减贫是世界性难题。根据世界银行的标准,绝对贫困是指每人每天生活费不足1.9美元的状态,折算成人民币即为全年生活费低于4900元的状态。按照这一标准,2019年全球还有6.32亿绝对贫困人口,贫困率为8.2%。按照原有估计,2020年全球的贫困率应该下降到7.8%。但新冠疫情使得全球生产和贸易活动受到巨大影响,2020年全球的贫困率反而上升到8.6%,全球贫困人口增加至6.65亿人。

消除绝对贫困,全面建成小康社会,是中国共产党人面向广大人民群众的庄严承诺。从实现温饱到总体小康,从全面建设小康社会到全面建成小康社会,在党的领导下,中国人民一步一个脚印,用拼搏奋进让千年小康梦在新时代变成现实。从生活层面看,2020年全国居民人均消费支出21210元,居民恩格尔系数为30.2%,消费结构从温饱型、小康型向富裕型、享受型转变。与此同时,我们建成的全面小康,是经济、政治、文化、社会、生态文明全面发展的小康。经济建设方面,超越"增速崇拜",发展质量效益快速提升,不平衡不充分问题明显改善,国家核心竞争力和综合竞争力迈入世界前列。政治建设方面,筑牢根本制度、完善基本制度、创新重要制度,各方面制度更加成熟更加定型,为创造世所罕见的经济快速发展奇迹和社会长期稳定奇迹提供了根本保障。文化建设方面,国民素质和社会文明程度显著提高,中国人民的精神面貌昂扬向上,坚定自信地平视这个世界,对民族和未来充满信心。社会建设方面,建成世界上规模最大的社会保障体系,托底兜牢百姓的幸福生活,切实增强了人民群众的获得感、幸福感和安全感。生态文明建设方面，生态环境不断改善，绿色发展方式和生活方式深入人心，美丽中国建设成效显著，实现"双碳"目标具备坚实基础。①

（三）全面建成小康社会的重要意义

全面建成小康社会是中华民族伟大复兴的关键一步。习近平总书记强调："我们对于时间的理解，不是以十年、百年为计，而是以百年、千年为计。"②放眼中华民族从辉煌、衰落到再度走向复兴的千年时间线，在漫长的古代社会，中华民族创造了领先世界的文明成就，但即便在汉唐盛世，抑或两宋、明清等商品经济繁盛时期，小康生活始终是广大"升斗小民"的奢望。近代中国山河破碎，国家蒙辱、人民蒙难、文明蒙尘，小康梦想更是遥不可及。面对内忧外患，中国人民从小康梦想、大同构想中汲取信念信心，屡仆屡起，愈挫愈奋。中国共产党人为中国人民谋幸福、为中华民族谋复兴的初心和使命，与古老的小康梦、大同梦息息相通。党领导人民实现民族独立、建立人民政权，让中国人民第一次掌握了自己的命运，迸发出前所未有的建设热情。从实现温饱到实现总体小康，从全面建设小康社会到全面建成小康社会，中华民族迎来了从站起来、富起来到强起来的伟大飞跃，实现中华民族伟大复兴进入了不可逆转的历史进程。

全面建成小康社会是中国式现代化的全新起点。在"温饱—总体

---

① 参见江苏省习近平新时代中国特色社会主义思想研究中心：《全面建成小康社会：实现中华民族伟大复兴中国梦的关键一步》，《光明日报》2021年8月9日。
② 杜尚泽：《"我们对于时间的理解"（习近平主席访问欧洲微镜头）》，《人民日报》2019年3月26日。

小康—全面小康—基本现代化—全面现代化"的逻辑链条中,全面建成小康社会是承前启后的关键一环。较之追求温饱和总体小康的发展阶段,全面建成小康社会,我国发展的标准更高、要求更严,追求经济更加发展、民主更加健全、科教更加进步、文化更加繁荣、社会更加和谐、人民生活更加殷实。全面建成小康社会,在底线上,脱贫攻坚取得全面胜利,标志着中国在历史上彻底摆脱贫困;在中线上,全国整体上达到全面小康的建设目标;在高线上,部分有条件的地区高质量发展建设共同富裕示范区,区域现代化达到较高水平,为我们全面建设社会主义现代化国家奠定坚实基础。

全面建成小康社会是人类社会发展的崭新样式。全面建成小康社会是中国特色社会主义建设和中国式现代化建设的标志性成果,拓展了人类社会发展的样式与形态。在发展范式上,全面小康超越"西方中心论",始终坚持国家自主性和独立探索本国发展道路的自觉性,不断赋予中国式现代化以新内涵新特征,拓展了发展中国家通向现代化的道路;在发展路径上,全面小康继承我国早期工业化、城市化的基础优势,深刻把握后发追赶型发展的"时空压缩"特征,协同推进新型工业化、信息化、城镇化、农业现代化,探索中国式现代化的有效途径;在发展支撑上,率先建成较高水平的基本公共服务制度体系,有效避免了发展不平衡不充分可能滋生的发展极化、社会撕裂弊端;在价值取向上,全面小康遵循共建共享原则,在持续解放和发展社会生产力中不断改善人民生活,实现了对单纯资本逻辑的超越。全面建成小康社会持续丰富人类社会发展新样式,拓展人类文明新形态。[①]

[①] 参见江苏省习近平新时代中国特色社会主义思想研究中心:《全面建成小康社会:实现中华民族伟大复兴中国梦的关键一步》,《光明日报》2021年8月9日。

二、经济新常态

从经济高速增长转为中高速增长，这是发展中经济体的必经路径。中国的经济新常态描述的正是这一规律性过程。中国的经济新常态，既是具有一般规律性的经济发展路径，同时也具有一定的特殊性，特别是与我国改革开放以来形成的特有的发展模式有关。

（一）中国成为世界第二大经济体

改革开放以来，我国经济实现了飞速发展。我国1978年国内生产总值（GDP）为3678.7亿元，占全球经济的1.7%，在世界排名第11位。2000年，我国国内生产总值突破10万亿元大关，成功超越意大利，成为全球第六大经济体。2010年，我国的国内生产总值已经突破40万亿元，超越日本，成为全球第二大经济体（见图4-1）。中国加入世界贸易组织以来，人均国内生产总值从8592元增加到2020年的72447元，外汇储备从2122亿美元增加到2020年的3.22万亿美元，增长了14倍有余（见图4-2）。

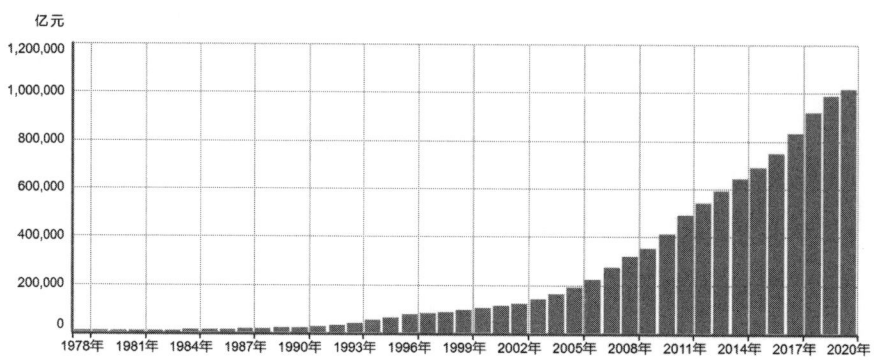

图 4-1 中国国内生产总值（1978—2020年）

资料来源：国家统计局官网。

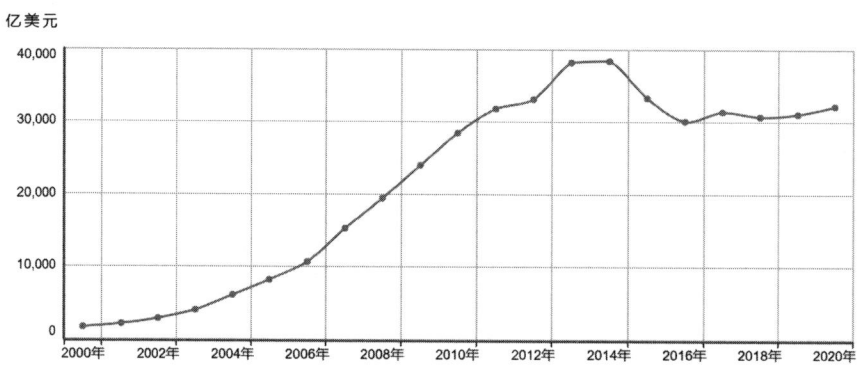

图 4-2 中国外汇储备（2000—2020年）

资料来源：国家统计局官网。

中国已经成为世界经济稳定增长的重要力量。根据世界银行计算，中国国内生产总值占世界经济总量的比重已由1990年的1.59%上升至2020年的17.39%，2013年到2021年中国对世界经济增长的平均贡献率达到38.6%，是全球第二大经济体和第一大贡献国（见图4-3）。

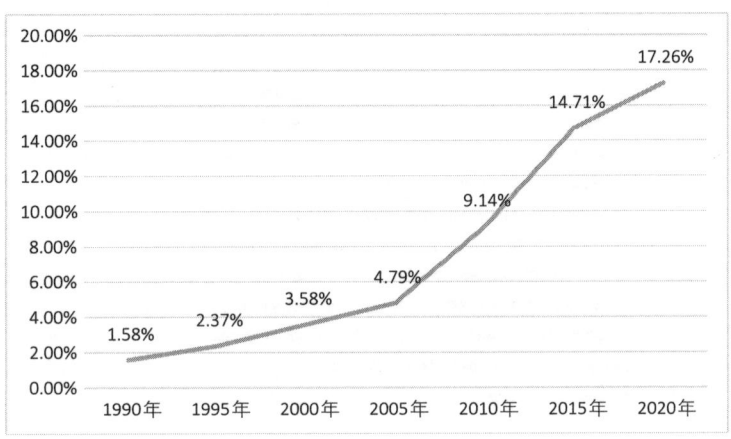

图4-3　中国国内生产总值占世界经济总量的比重（1990—2020年）

资料来源：根据世界银行数据库数据测算。

工业化水平不断提高。我国已成为"第一制造大国"，根据世界银行数据，2010年中国制造业增加值超过美国成为制造业第一大国。2020年，我国制造业增加值占全世界的份额达到28%以上，成为驱动全球工业增长的重要引擎（见图4-4）。在世界500多种主要工业产品当中，我国有220多种工业产品的产量居全球第一，市场规模位居世界前列。根据德勤（Deloitte）和美国竞争力委员会发布的《2016全球制造业竞争力指数》，中国依然力压美国成为全球最具竞争力的制造业国家。从第三产业的情况来看，2012年我国第三产业的增加值就已经超过了第二产业（见图4-5），2020年第三产业在三大产业增加值总额中所占比重已超54%，成为经济增长的主力军，以餐饮、住宿为代表的生活服务业持续发展，以金融和保险为代表的生产服务业以及文化、体育和旅游等产业不断发展，塑造着新的经济增长点。

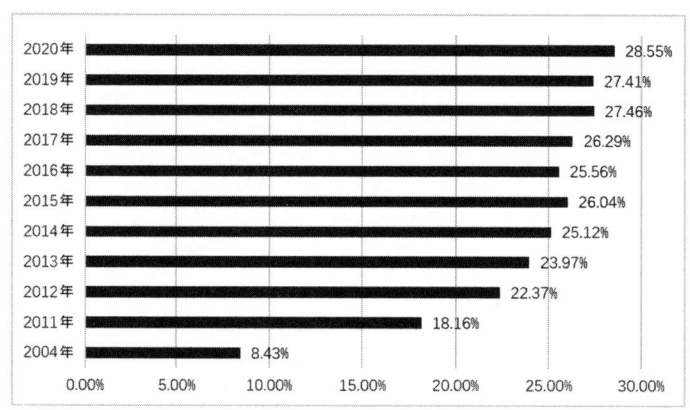

图4-4　中国制造业增加值占世界份额（2004—2020年）

资料来源：根据世界银行数据库数据测算。

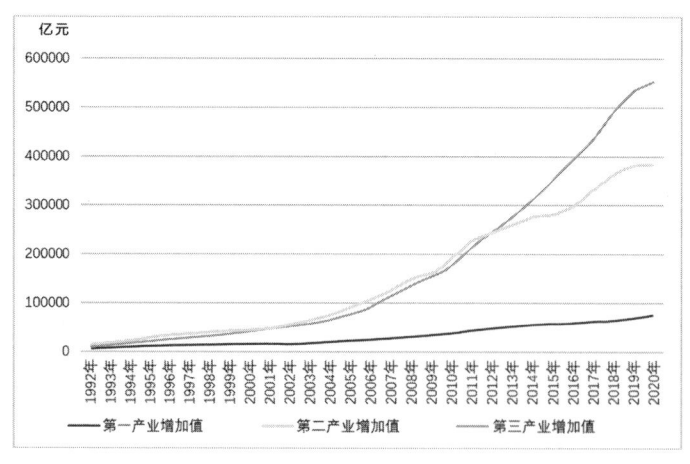

图4-5　中国三大产业增加值（1992—2020年）

资料来源：国家统计局官网。

科技创新能力显著提升。根据世界知识产权组织发布的2020年创新指数报告,中国位列第十四名,是前三十位中唯一一个中等收入的经济体,这意味着我国创新能力和创新产出不断提高。我国在一些高精尖技术方面取得了领先世界的成就,这些成就集中体现在基础设施和科学技术方面。中国制造的"高精尖名片"展示了高速度、高质量、高水平的经济发展成果。新能源、大桥建设、航空航天设备、电子商务、交通运输网络和超级计算机是近年来中国制造业成就的集中展示。数据显示,1995年我国高技术产业专利申请数为612项,截至2019年已超30万项(见图4-6),高技术产业利润额也在2012年后实现攀升(见图4-7)。中国目前在大数据、人工智能、5G通信领域都处于世界领先地位,并将逐渐在接下来的经济发展中转化为竞争优势。

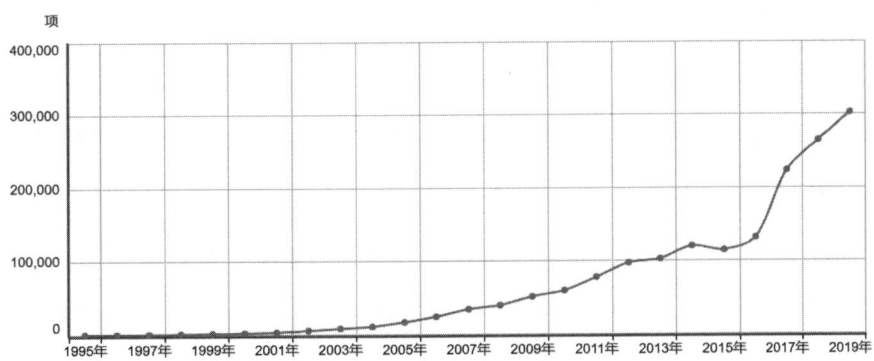

图4-6 中国高技术产业专利申请数(1995—2019年)

资料来源:国家统计局官网。

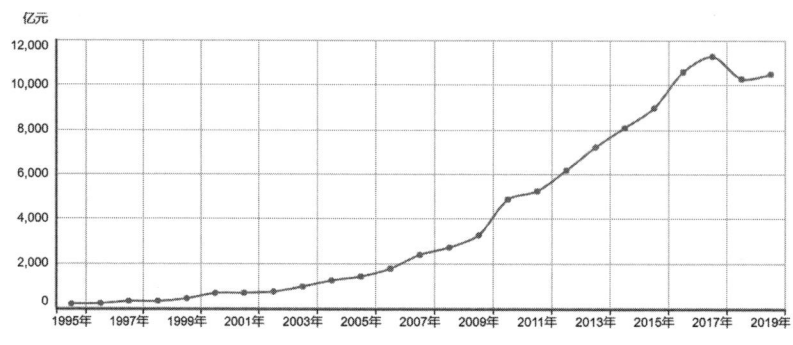

图4-7　中国高技术产业利润总额（1995—2019年）

资料来源：国家统计局官网。

（二）经济新常态的主要特征

2008年美国次贷危机造成世界性的经济衰退，中国也受到波及。中国政府虽采取了一系列强有力的宏观调控手段，但从总体上来看，中国改革开放以来的经济高速增长态势已发生根本性变化。

针对经济运行、改革和发展过程中出现的新情况、新问题，党中央进行了综合研判，将这些新情况、新问题从现象层面提升到概念层面。在2013年中央经济工作会议中，习近平总书记用"我国经济增长速度换挡期、结构调整阵痛期、前期刺激政策消化期'三期叠加'的状况"来形容"经济新常态"。这实际上是对我国经济运行和发展中的新现象"去粗取精、去伪存真、由此及彼、由表及里"，从中找出内在联系和规律性事实。第一，经济新常态的直观表现是经济增速的下降，从8%甚至更高的年增长率下降到5%—7%的中高速增长率（见图4-8）。第二，经济增长率下降是经济新常态的现象，其内在实质是经济体系内部结构的深刻调整，是产业结构、区域经济结构、城乡经济结构和对外经济结构的大幅度变化，是经济增长模式从粗放型向集约型转换的必然表现。第三，其既是经济增长态势的自发性变化，也是经济政策主动调整的结果。2008年全球性经济衰退以来，内需拉动政策在刺激经济复苏过程中发挥了重要作用，但随着短期政策效应的消逝，微观经济主体仍然面临着严峻的经济下行压力。这就需要我们重新思考资源配置过程中市场和政府双方角色的重新定位，因此，经济新常态同时也是市场与政府关系的新常态。

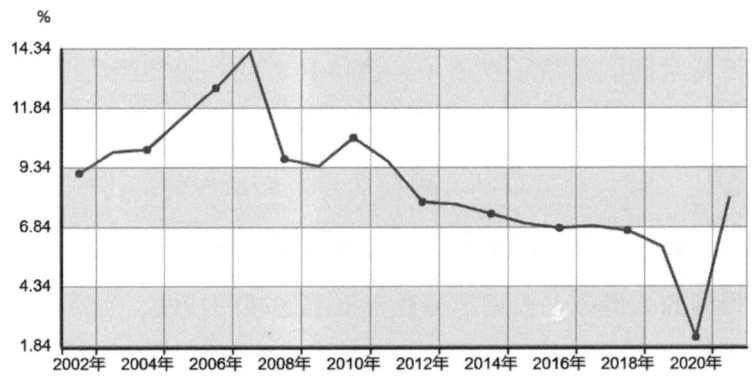

图4-8　2002—2021年国内生产总值增长率

资料来源：国家统计局官网。

经济新常态是全方位优化升级的经济态势。2014年11月，习近平总书记系统阐述了经济新常态的特点：一是从高速增长转为中高速增长；二是经济结构不断优化升级，第三产业、消费需求逐渐成为主体，城乡区域差距逐步缩小，居民收入占比上升，发展成果惠及更广大民众；三是从要素驱动、投资驱动转向创新驱动。从这里的表述来看，中国经济新常态已经涵盖了增长速度下调、经济结构调整、驱动力量切换、分配体系优化等多个方面特征。同年12月,在中央经济工作会议上的讲话中,习近平总书记从消费需求、投资需求、出口和国际收支、生产能力和产业组织方式、生产要素相对优势、市场竞争特点、资源环境约束、经济风险积累和化解以及资源配置模式和宏观调控方式共九个方面分析了我国经济特征的变化趋势,从而对经济新常态的概念范畴作出了完整的界定。

(三)经济新常态的实质

经济新常态既反映了发展中经济体具有的一般性经济增长规律,同时也呈现出鲜明的中国特色。从一般性和历史规律来看,一个国家的经济起飞,往往都是借助大规模的投资而达成的。历次工业革命中,西方主要资本主义国家无不是通过基础设施和工业投资而一跃成为经济强国的。但是,投资本身具有报酬递减的特性,当资本存量达到一定水平后,投资收益率将呈现出下降趋势。马克思主义政治经济学在分析资本积累过程中,把这一现象总结为"利润率下降规律"。由于投资收益率和利润率下降,经济增长速度也将随着资本积累过程的深入而趋于下降。因此,从世界范围来看,很少有国家能够保持持续30年、40年的经济高速增长。欧美发达国家、"亚洲四小龙"以及其他新兴经济体,基本上都在经历一个黄金发展时期后,经济增长率缓慢下降并保持在一个适中的水平上。因此,经济新常态在某种程度上刻画的是经济增长过程中的一种必然现象。

但是,与发达国家经济增长率下降事实不同的是,中国的经济新常态又具有特殊性的一面,这是与我国改革开放以来形成的独特经济发展模式紧密相关的。改革开放以来，我国紧抓国际产业转移的历史性机遇，充分利用劳动力等资源的比较优势，以广大国际市场作为标的市场，发展起出口导向的劳动密集型和资源密集型产业，以价廉物美的中国制造打入欧美市场，实现了经济快速增长，中国也由此成为"世界工厂"。但是，随着我国人口红利的逐渐消散，以及东南亚、南亚、拉美等发展中经济体的崛起，我国劳动力比较优势已经不再明显。同时，快速工业化和巨大的资源能源消耗给生态环境造成了很大压力，这些都使得传统的经济增长模式面临严峻挑战，经济增长速度从高速逐步下调为中高速增长，这本身也意味着我国经济增长迫切需要寻找新的动力源。

三、我国发展新的历史方位

正确认识党和人民事业所处的历史方位和发展阶段，是我们党明确阶段性中心任务、制定路线方针政策的根本依据，也是我们党领导革命、建设、改革不断取得胜利的重要经验。全面建成小康社会、实现第一个百年奋斗目标之后，我们乘势而上开启全面建设社会主义现代化国家新征程、向第二个百年奋斗目标进军，这标志着我国进入了一个新发展阶段，我国发展站在了一个新的历史方位。

(一)突破中等收入陷阱

中等收入陷阱一般是指发展中国家通过一段时期的经济快速增长成为中等收入经济体后,由于种种原因使得这种增长不能持续,长期徘徊在中等收入水平(世界银行界定的人均国民收入10000—12000美元之间的水平)。世界银行《东亚经济发展报告(2006)》较早地提出了这个概念,其基本事实是:鲜有中等收入的经济体成功跻身高收入国家,这些国家往往陷入了经济增长的停滞期,既无法在人力成本方面与低收入国家竞争,又无法在尖端技术研制方面与富裕国家竞争。对于中国这个世界上最大的发展中国家而言,突破中等收入陷阱,对于实现社会主义现代化的发展目标具有重要意义。

国际上公认的成功跨越中等收入陷阱的国家和地区有日本、以色列、"亚洲四小龙",但就比较大规模的经济体而言,仅有日本和韩国实现了由低收入国家向高收入国家的转换。日本人均国内生产总值在1972年接近3000美元,到1984年突破1万美元,2021年达到了39312美元。韩国1987年超过3000美元,1995年达到12564美元,2021年更是达到了34997美元。从中等收入国家跨入高收入国家,日本花了大约12年时间,韩国则用了8年。

拉美地区和东南亚一些国家则是陷入中等收入陷阱的典型代表。如菲律宾1980年人均国内生产总值为684.6美元,2014年仍只有3460美元,考虑到通货膨胀因素,人均收入基本没有太大变化。还有一些国家收入水平虽然在提高,但始终难以缩小与高收入国家的鸿沟,如马来西亚1980年人均国内生产总值为1812美元,到2021年仅达到11109美元。阿根廷则在1964年时人均国内生产总值就超过1000

美元，在20世纪90年代末上升到了8000多美元，但2002年又下降到2000多美元，而后又回升到2021年的10636美元。墨西哥1973年人均GDP已经达到了1000美元，在当时属于中等偏上收入国家，而2021年人均GDP只有10045美元，41年后仍属于中等偏上国家。拉美地区还有许多类似的国家，虽然经过了二三十年的努力，几经反复，但一直没能跨过15000美元的发达国家的门槛。

从理论上来看，中等收入陷阱是从某些发展中国家的发展历程中抽象出来的一种提法，但并不意味着所有进入中等收入行列的国家都会遭遇"陷阱"。之所以出现中等收入陷阱这种现象，在于这些发展中国家在经济快速增长的过程中出现资源耗竭、产业升级迟缓、收入分配差距拉大、既得利益集团坐大、严重依赖国外市场等问题，这些恰恰是我国在进入中等收入国家行列之后应高度警惕的问题。

（二）中国共产党的两个百年目标

党的十八大提出了"两个一百年"奋斗目标：在中国共产党成立100年时，实现国内生产总值和城乡居民人均收入比2010年翻一番，全面建成小康社会；到中华人民共和国成立100年时，建成富强民主文明和谐的社会主义现代化国家。"两个一百年"奋斗目标必将成为中华民族伟大复兴的重要里程碑。当前，我们已经实现第一个百年奋斗目标，站在朝着第二个百年奋斗目标前进的新的历史起点上。

中国共产党从成立之日起一直把实现中华民族伟大复兴作为自己的历史责任。近代以来，中国逐渐沦为半殖民地半封建社会，中华民族遭受了前所未有的苦难。从那时起，实现国家独立和民族解放、实现国家富强和人民富裕成为中国的两大历史任务。中国共产党发挥中流砥柱作用，勇敢担当起实现中华民族伟大复兴的历史使命，团结带领中国人民经过28年浴血奋战，建立了新中国。新中国的成立为中国共产党确立"两个一百年"奋斗目标提供了根本的政治前提，标志着经过百年的曲折斗争，中国式现代化以社会主义与现代化有机结合的实践形式开始呈现在历史舞台上。

新中国成立后，毛泽东、周恩来等老一辈无产阶级革命家都曾设想过实现社会主义现代化的问题，并都作过一系列的战略安排和实施计划。1964年12月，在第三届全国人民代表大会第一次会议上，周恩来根据毛泽东建议，在政府工作报告中首次提出，在20世纪内，把中国建设成为一个具有现代农业、现代工业、现代国防和现代科学技术的社会主义强国，实现四个现代化目标的"两步走"设想。改革开放以来，我们党把握世界现代化的发展趋势，对如何建设现代化的规律性认识不断深化，先后提出了两个"三步走"发展战略。在此基础上，党的十八大作出了"两个一百年"奋斗目标的新部署，把国家追求、民族夙愿和人民期盼融为一体，形成了推动实现社会主义现代化的强大合力。[①] 经过八年多的努力，到2021年建党100周年时，全面建成小康社会的历史任务业已实现，中国共产党人已经踏上实现第二个百年奋斗目标的历史征程。

---

① 参见梁波：《中华民族伟大复兴的重要里程碑》，《学习时报》2017年6月21日。

（三）社会主义初级阶段的新阶段

社会主义初级阶段是中国共产党关于中国社会主义现在所处历史阶段的总的看法和根本观点。中国正处在社会主义初级阶段的论断，包括两层含义：第一，中国社会已经是社会主义社会，因此必须坚持而不能离开社会主义；第二，中国的社会主义社会还处在初级阶段，因此必须从这个实际出发，而不能超越这个阶段。中国社会主义的初级阶段，不是泛指任何国家进入社会主义都会经历的起始阶段，而是特指中国在生产力落后、商品经济不发达条件下建设社会主义必然要经历的特定阶段。这个阶段从20世纪50年代生产资料私有制的社会主义改造基本完成，到社会主义现代化的基本实现，至少需要上百年时间。中国建设社会主义所面对的情况，既不是马克思主义创始人设想的在资本主义高度发展的基础上建设社会主义，也不完全等同于其他社会主义国家。照搬书本不行，照搬外国也不行，必须从中国国情出发，把马克思主义基本原理同中国实际结合起来，在实践中开辟有中国特色的社会主义道路。

党的十九大报告指出，我国社会生产力水平总体上显著提高。这主要是从纵向比较来说的。诚然，今日中国社会生产力水平总体上显著提高，社会生产能力在很多方面已进入世界前列，不仅与40年前、30年前相比已有天壤之别，就是与20年前、10年前相比，甚至与5年前相比也已不可同日而语。但从整个世界发展进程来看，横向与其他国家相比，我国生产力发展水平在总体上仍然处于中等，依然属于社会主义初级阶段水平。重申我国仍处于并将长期处于社会主义初级阶段的基本国情没有变，与作出中国特色社会主义进入新时代的判断并不矛盾。新时代是社会主义初级阶段的新时代，是社会主义初级阶段历史长过程在当前呈现出的阶段性特征。

习近平总书记指出，不仅在经济建设中要始终立足初级阶段，而且在政治建设、文化建设、社会建设、生态文明建设中也要始终牢记初级阶段；不仅在经济总量低时要立足初级阶段，而且在经济总量提高后仍然要牢记初级阶段；不仅在谋划长远发展时要立足初级阶段，而且在日常工作中也要牢记初级阶段。[①]我们之所以强调社会主义初级阶段的发展定位，是因为正确路线方针政策的制定来自对发展阶段的正确判断。脱离社会主义初级阶段这个最大实际，在实践中就会吃苦头。在社会主义初级阶段的背景下，以中国特色社会主义的巨大成功向世界宣告社会主义焕发出蓬勃生机活力，使中国成为21世纪科学社会主义发展的旗帜、成为振兴世界社会主义的中流砥柱，这更加彰显了中国共产党坚强有力的正确领导和中国人民众志成城的努力奋斗。

本讲小结

2020年，我国全面建成小康社会，完成了"三步走"的第二步目标，消除绝对贫困，具有极为重大的世界意义。但与此同时，我国又面临着经济增速下降的新常态，迫切需要转换经济增长动能，转变

---

① 参见《习近平谈治国理政》第一卷，外文出版社2018年版，第10—11页。

经济发展模式。当前，我国发展已经处在新的历史方位，第一，我国正在突破中等收入陷阱；第二，中国共产党正处在"两个一百年"奋斗目标交汇的历史节点上；第三，社会主义初级阶段也进入了一个新的阶段。

第五讲
贯彻新发展理念

理念是行动的先导，发展理念是管全局、管根本、管方向、管长远的东西，是发展思路、发展方向、发展着力点的集中体现。为从根本上应对经济新常态的发展趋势，应对我国社会主要矛盾的转化，新发展理念应运而生。党的十八届五中全会提出，破解发展难题，厚植发展优势，必须牢固树立并切实贯彻创新、协调、绿色、开放、共享的发展理念。新发展理念是从我国发展实践中提炼出来的规律性认识，是中国特色社会主义政治经济学的重要理论成果，也是经济新常态背景下引领我国发展的根本行动指南。

一、创新发展

创新是引领发展的第一动力。必须把创新摆在国家发展全局的核心位置，不断推进理论创新、制度创新、科技创新、文化创新等各方面创新，让创新贯穿党和国家一切工作，让创新在全社会蔚然成风。

（一）创新发展理念的演进脉络

创新通常被认为是近年来特别是21世纪以来才被广泛提及的概念。但实际上，早在20世纪50年代，中国共产党第一代领导人就已提出技术创新、制度创新和理论创新的要求。毛泽东在写作《论十大关系》的前期调研中就指出："技术改革是很大的改革，带革命性的。"[①]1964年，在审阅周恩来在第三届全国人民代表大会第一次会议上的政府工作报告草稿时，毛泽东论及我国的技术创新模式："我们不能走世界各国技术发展的老路，跟在别人后面一步一步地爬行。我们必须打破常规，尽量采用先进技术，在一个不太长的历史时期内，把我国建设成为一个社会主义的现代化的强国。"[②]关于制度创新，毛泽东指出，"解决生产关系问题，要解决生产的诸种关系问题，也就是各种制度问题"[③]，并在技术创新和制度创新的基础上，进一步提出了理论创新的命题："我们已经进入社会主义时代，出现了一系列的新问题，如果……不适应新的需要，写出新的著作，形成新的理论，也是不行的。"[④]

改革开放后，面对世界科技水平的迅猛发展，邓小平在1978年召开的全国科学大会上提出"四个现代化，关键是科学技术的现代化"的重要论断，强调科学技术对于我国社会经济发展的重要作

---

① 逄先知、金冲及：《毛泽东传（1949—1976）》（上），中央文献出版社2003年版，第477页。
② 《毛泽东文集》第八卷，人民出版社1999年版，第341页。
③ 逄先知、金冲及：《毛泽东传（1949—1976）》（上），中央文献出版社2003年版，第472页。
④ 《毛泽东文集》第八卷，人民出版社1999年版，第109页。

用。①1988年,邓小平在会见来华访问的捷克斯洛伐克总统时,提出"科学技术是第一生产力"②的著名论断,这一论断对于推动我国改革开放和社会发展发挥了重要指导作用。在此基础上,党的第三代中央领导集体强调要将改革创新精神贯彻到治国理政各个环节。1995年在全国科学技术工作大会上,江泽民提出:"创新是一个民族进步的灵魂,是一个国家兴旺发达的不竭动力。"③21世纪以来,结合时代和实践的发展,我们党更加突出强调自主创新的关键作用。胡锦涛在党的十七大报告中指出:"提高自主创新能力,建设创新型国家。这是国家发展战略的核心,是提高综合国力的关键。"④可见,中国共产党人一贯重视创新对于国家前途命运的重要作用,这实际上已经把"创新"上升为发展理念。党的十八大以来,新科技革命掀起了一轮更为激烈的科技竞争,而我国科技对经济社会发展支撑能力不足的问题则日益凸显。对此,习近平总书记提出:"我们必须把创新作为引领发展的第一动力,把人才作为支撑发展的第一资源,把创新摆在国家发展全局的核心位置,不断推进理论创新、制度创新、科技创新、文化创新等各方面创新,让创新贯穿党和国家一切工作,让创新在全社会蔚然成风。"⑤这意味着创新被摆在了国家发展全局的核心位置。

---

① 参见《邓小平文选》第二卷,人民出版社1994年版,第86页。
② 《邓小平文选》第三卷,人民出版社1993年版,第274页。
③ 《江泽民文选》第一卷,人民出版社2006年版,第432页。
④ 中共中央文献研究室编:《十七大以来重要文献选编》(上),中央文献出版社2009年版,第17页。
⑤ 《习近平谈治国理政》第二卷,外文出版社2017年版,第198页。

(二)创新发展解决发展动力问题

从本质上看,创新发展理念要解决的是发展动力问题。进入21世纪以来,全球科技创新空前活跃,新一轮科技革命和产业变革正在引发全球经济格局的调整重塑。以信息革命带来的信息技术为引领,制造技术、能源技术、生命技术等原创技术突破为突破口,更多颠覆性科技创新不断涌现,科学技术的研发应用对国家经济社会发展的支撑力度日益提升。对此,习近平总书记指出:"谁牵住了科技创新这个'牛鼻子',谁走好了科技创新这步先手棋,谁就能占领先机、赢得优势。"[①]在当前国际局势下,哪个国家能在创新领域率先取得突破,便能赢得国际竞争的制高点。

改革开放以来的很长一段时间,我国在追求经济高速增长的过程中采取粗放型经济发展模式。这类发展模式依靠劳动力和物质资源的大量投入,具有高投入、高消耗、高污染和低效益的特征。然而,随着土地红利和人口红利逐渐衰减,我国产业发展的低成本优势日益丧失,这种依靠投资驱动、规模扩张、出口导向的发展模式明显后继乏力,我国面临着发展动力不足、经济质量不高、产业层次偏低、资源环境约束趋紧等现实问题。在此背景下,亟须解决经济新常态的增长动力转换问题。习近平总书记提出:"对我国这么大体量的经济体来讲,如果动力问题解决不好,要实现经济持续健康发展和'两个翻番'是难以做到的。"[②]

[①] 中共中央文献研究室编:《习近平关于科技创新论述摘编》,中央文献出版社2016年版,第26页。
[②] 《习近平谈治国理政》第二卷,外文出版社2017年版,第201页。

近年来，我国不断加强科技创新支持力度（见图5-1），科技创新能力已有显著提升，在诸多高精尖领域实现了重大突破。但从整体上看，我国不少高技术产品还依赖外部供给（见图5-2），更重要的是科技对我国经济发展的支撑力和贡献率较低，这已经成为我国发展的"阿喀琉斯之踵"。

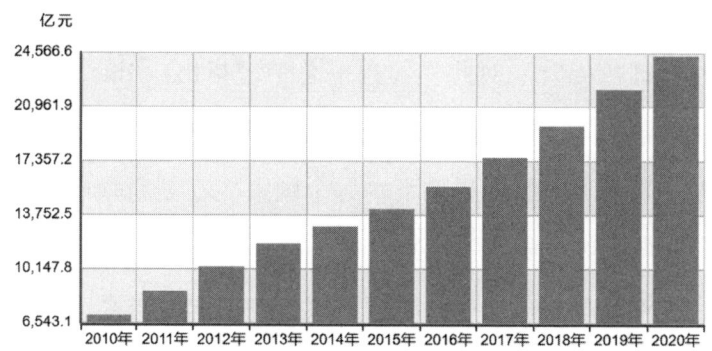

图5-1 2010—2020年我国研究与试验发展经费支出

资料来源：国家统计局官网。

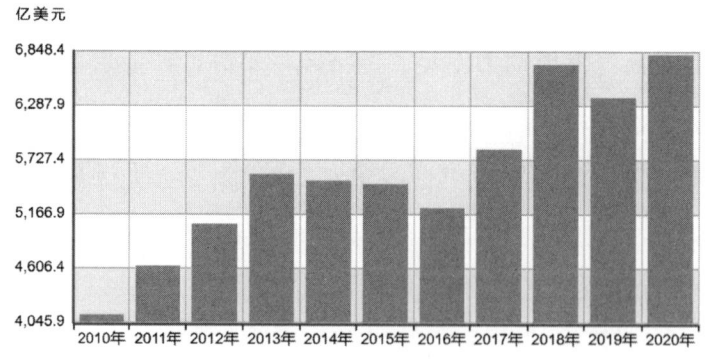

图5-2 2010—2020年我国高技术产品进口额

资料来源：国家统计局官网。

进入新时代，中国经济发展应主要依靠什么来驱动？对此，习近平总书记明确指出，"加快从要素驱动、投资规模驱动发展为主向以创新驱动发展为主的转变"①。创新发展就是要打造引领经济社会发展的强劲动力，提高我国在国际竞争中的核心竞争力，确保我国在世界格局的深度转型中掌握主动权，这构成了创新发展理念提出的现实依据。

（三）创新发展的内涵和要求

创新，顾名思义，就是人类出于特定需要，利用现有的物质和知识水平，改进或创造出有别于常规的新事物和新方法，不断拓宽对客观世界及其自身认知边界的行为。在资本主义生产方式中，创新是资本家出于追求超额剩余价值的目的，重新组合生产要素，从而创造出超越同时期一般水平的生产技术、管理体系和运营方法的实践。现代意义上的创新理论是美国经济学家熊彼特提出的，他认为，经济创新过程是改变经济结构的"创造性毁灭"过程。经济创新不断地从内部使这个经济结构革命化，不断地破坏旧结构，同时不断地创造新结构。②

可见，创新是一项复杂的系统工程，创新发展包括生产力、生产关系、上层建筑等领域的创新，涉及理论创新、制度创新、科技创新和文化创新等各方面。其中，理论创新是社会发展和变革的先导，是

---

① 习近平：《论坚持全面深化改革》，中央文献出版社 2018 年版，第 108 页。
② 参见［美］约瑟夫·熊彼特：《资本主义、社会主义和民主》，杨中秋译，电子工业出版社 2013 年版，第 73—99 页。

其他创新活动的思想源头，没有理论创新，我们就无法摆脱落后思想认识的束缚，就不可能走在时代前列；制度创新是创新发展理念贯穿落实的保障，制度创新的核心是国家治理创新，没有制度创新，就无法形成有利于创新发展的制度环境和体制机制；科技创新是创新发展的核心内容，是国家社会经济发展的直接动力，没有科技创新，就无法把发展主动权牢牢掌握在自己手中，就无法从根本上保障国家经济安全、国防安全和其他安全；文化创新本质上是软实力创新，为国家和社会发展提供内生的精神动力，没有文化创新，创新发展便无法持之以恒。各个环节相辅相成，内在统一，共同为我国社会经济发展提供强劲动力。

针对贯彻落实创新发展理念的实践路径，党的十八届五中全会明确提出，创新发展要着力从"培育发展新动力、拓展发展新空间、深入实施创新驱动发展战略、大力推进农业现代化、构建产业新体系、构建发展新体制、创新和完善宏观调控方式"七个方面着力推进。[①] 从政治经济学的视角来看，创新发展旨在调整生产活动中劳动者与生产资料的关系。物质资料生产活动是劳动者与生产资料的结合过程，这就产生了劳动过程的三要素：作为主体的人、作为客体的生产资料（包括劳动对象和劳动资料）以及劳动者和生产资料结合的方式。因此，贯彻创新发展理念，就是要着力推动以上三个方面的调整和优化。一是劳动者自身劳动技能和素质的不断提升，二是生产资料的改善、优化和创新，三是劳动者与生产资料组合和搭配方式的改善、优化和创新。为此，我们必须把创新作为引领发展的第一动力，把人才

---

① 参见中共中央文献研究室编：《十八大以来重要文献选编》（中），中央文献出版社2016年版，第776页。

作为支撑发展的第一资源,把教育摆在国家发展全局的突出位置,协同推进技术创新和制度创新、管理创新和组织创新,努力实现关键核心技术自主可控,让创新贯穿党和国家的一切工作,让创新在全社会蔚然成风。

二、协调发展

协调是持续健康发展的内在要求。必须牢牢把握中国特色社会主义事业总体布局,正确处理发展中的重大关系,重点促进城乡区域协调发展,促进经济社会协调发展,促进新型工业化、信息化、城镇化、农业现代化同步发展,在增强国家硬实力的同时注重提升国家软实力,不断增强发展整体性。

(一)协调发展理念的演进脉络

协调发展是中国共产党在领导国民经济建设中较早提出的发展理念,在《论十大关系》中,毛泽东就如何协调产业结构、区域关系、经济与国防建设、集体与个人关系等若干重大问题进行了全面阐述。在当时以重工业为龙头带动工业化的时代背景下,第一代领导集体就已深入系统地研究了协调发展问题,并提出很多直到现在都具有重要意义的协调发展思想。譬如,毛泽东指出:"重工业是我国建设的重点。必须优先发展生产资料的生产,这是已经定了的。但是决不可以因此忽视生活资料尤其是粮食的生产。如果没有足够的粮食和其他生活必需品，首先就不能养活工人，还谈什么发展重工业？所以，重工业和轻工业、农业的关系，必须处理好。"①

改革开放以来，党的几代中央领导集体都围绕协调发展进行了很多思考。邓小平在明确"以经济建设为中心"的同时，强调要科学认识社会主义现代化各项任务之间的相互依存关系，不能顾此失彼。江泽民在《正确处理社会主义现代化建设中的若干重大关系》的讲话中提出，在推进社会主义现代化建设的过程中，必须处理好改革、发展、稳定，速度和效益，经济建设和人口、资源、环境，第一、第二、第三产业，东部地区和中西部地区，市场机制和宏观调控，公有制经济和其他经济成分，收入分配中国家、企业和个人，扩大对外开放和坚持自力更生，中央和地方，国防建设和经济建设，物质文明建设和精神文明建设等12个带有全局性的重大关系。胡锦涛则提出了社会主义物质文明、政治文明和精神文明协调发展的科学发展观，这些都是协调发展理念的重要思想来源。党的十八大以来，面对我国长期存在的发展不协调问题，党中央相继提出了中国特色社会主义事业"五位一体"总体布局、"四个全面"战略布局等。新形势下，习近平总书记进一步强调："我们必须牢牢把握中国特色社会主义事业总体布局，正确处理发展中的重大关系，不断增强发展整体性。"②这些都体现了我们对协调发展认识的不断深化，体现了唯物辩证法在解决我国发展问题上的方法论意义。

---

① 《毛泽东文集》第七卷，人民出版社1999年版，第24页。
② 《习近平谈治国理政》第二卷，外文出版社2017年版，第198页。

(二)协调发展解决发展不平衡问题

改革开放以来,我国通过实施非均衡发展战略,在比较短的时间内实现经济快速发展,部分区域、行业、个体和领域发展相对较快、较好,但也带来了经济发展不协调和不平衡问题。这种不平衡具体表现在产业结构不平衡、区域发展不平衡、城乡发展不平衡、经济社会发展不平衡,以及物质文明与精神文明发展不平衡等方面。

从产业层面来看,在改革开放后的一段时间内,我国采用基于"比较优势"理论的出口导向型经济增长模式,产业类型以劳动密集型和资源密集型为主。长此以往,高耗能高污染的重工业产能严重过剩,本土企业长期被锁定在全球价值链低端,产品附加值比重持续走低。产业结构的弊端严重制约着我国社会经济的健康发展。

从区域层面来看,我国幅员辽阔、人口众多,各地区自然资源禀赋差别之大世界少有,统筹区域发展从来都是一个重大问题。改革开放后国家建设重点开始东移,我国区域发展逐渐形成了东、中、西梯度布局,内地与沿海差距不断拉大。20世纪90年代以来,党和国家相继提出西部大开发、东北振兴、中部崛起、东部率先发展等一系列区域协调发展战略,以应对区域发展失衡问题,但从这些政策实施的效果来看,我国东、中、西部之间的经济差距仍比较明显(见图5-3)。近年来,随着全国经济中心进一步南移,南北方经济发展差距问题也逐渐凸显出来,南方省份在经济增长速度、经济总量以及国民人均收入等经济指标上明显高于北方省份,并且二者差距有不断扩大的趋势。

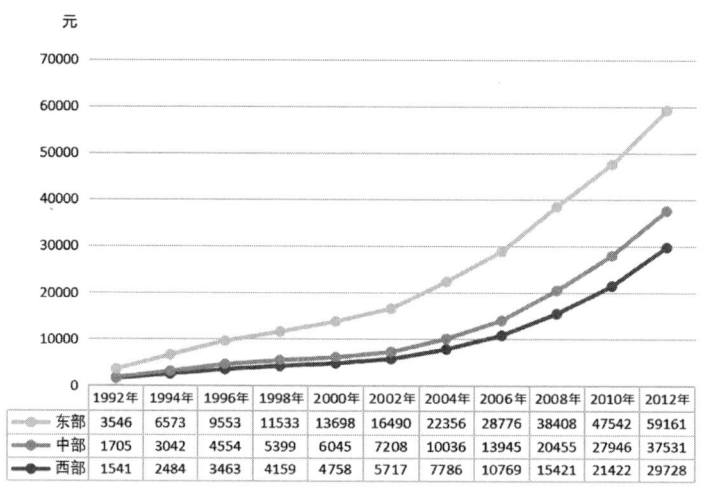

图5-3　1992—2012年东中西部人均国内生产总值

资料来源：根据《中国统计年鉴》(1994、1996、1997、1999、2001、2003、2005、2007、2009、2011、2013)计算。

城乡发展不平衡是区域发展不平衡的特殊表现。在新中国成立后的前30年，出于发展生产需要，党和国家实施农产品统购统销制度，通过工农产品价格剪刀差为工业化积累资金。并且，这一阶段我国严格区分农业与非农业户籍，实行城乡分离的户籍制度，这些因素导致城乡形成了二元对立结构。改革开放以来，党和国家实行了一系列旨在推动城乡融合发展的政策措施，譬如改革户籍制度、发展小城镇、推动农民土地承包权的长期稳定、促进农业剩余劳动力就地转移，等等。尽管如此，我国城乡发展不平衡问题仍然较为突出，这不仅体现在城乡居民人均收入差距的逐步拉大（见图5-4），还表现为城乡在基础设施建设、基本公共服务，以及住房、教育、医疗卫生等方面还存在明显差距。

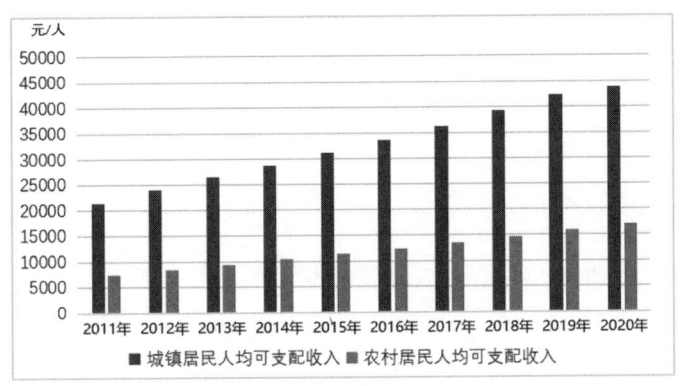

图 5-4　2011—2020 年我国城镇居民和农村居民人均可支配收入

资料来源：国家统计局官网。

经济社会发展不协调、物质文明与精神文明发展不协调也是我国发展不平衡问题的重要表现。目前，我国经济总量稳居世界第二，经济保持中高速增长，但社会发展始终相对滞后，医疗、教育、就业、社会保障等问题是亟待补齐的短板。并且，相较于经济和国防硬实力，我国文化软实力明显偏弱，这与我国日益提升的综合国力和国际影响力不相匹配。协调发展理念正是在客观认识我国发展不平衡问题的基础上提出的，目的在于保证中国特色社会主义事业能够行稳致远。因此，协调发展关乎我国经济社会发展全局，这既是解决当前我国社会主要矛盾的重要举措，也是推动我国持续健康发展的内在要求。

（三）协调发展的内涵和要求

协调，意指均衡全面，搭配得当。协调发展旨在理顺发展内外部关系，要立足中国特色社会主义事业总体布局，找准问题、统筹兼顾、补齐短板，厚植优势，追求发展的整体性、系统性和均衡性。

习近平总书记曾指出："新形势下，协调发展具有一些新特点。"①这些新特点可以概括为四个统一。其一，协调是发展手段、发展目标和评价尺度的统一。作为手段，协调是经济新常态背景下破解社会主要矛盾的重要举措；作为目标，协调强调发展不能盲目追求数量扩张，而是要实现社会经济各个领域的均衡发展；作为评价尺度，协调意味着整体性和全面性成为衡量发展的重要标准。其二，协调是发展两点论和重点论的统一。协调既要统筹兼顾"五位一体"总体布局和"四个全面"战略布局，又要突出重点，发挥优势，集中力量补齐短板，两方面相辅相成、相得益彰，才能实现高水平发展。其三，协调是发展平衡和不平衡的统一。平衡是相对的，不平衡是绝对的。协调既要努力缩小差距，又要避免陷入平均主义，重点在于资源配置均衡。其四，协调是发展差距和潜力的统一。差距也是潜力，这些潜在的需求如果能激发出来，就会成为新的增长点，形成推动发展的强大动力。协调发展从本质上讲就是要补齐短板，化潜力为动力，化劣势为优势，不断增强发展后劲。

从经济层面来看，协调主要指向产业经济协调、区域经济协调和城乡经济协调。在产业经济协调方面，要把发展经济的着力点更多地放在实体经济上，加快发展先进制造业、现代服务业，同时巩固我国在重化工业、装备制造、基础设施建设等技能劳动密集型产业的既有优势。坚持去产能、去库存、去杠杆、降成本、补短板，调整产业结

---

① 《习近平谈治国理政》第二卷，外文出版社2017年版，第205页。

构,促进我国产业迈向全球价值链中高端。在区域经济协调方面,要实施京津冀协同发展、长江经济带、粤港澳大湾区、黄河流域生态保护和高质量发展核心示范区等一系列重大区域战略,加大力度支持落后贫困地区加快发展。在充分考虑自然条件、历史因素、资源禀赋和差异化优势的基础上,打造连接东西、贯通南北的新型区域发展格局,强化举措,不断缩小地区发展差距。从城乡经济协调来看,要坚持工业反哺农业、城市支持农村和多予少取放活方针,推动城乡公共资源均衡优化配置,加快形成工业促进农业、城市带动乡村、城乡互惠一体的城乡经济协同发展态势,改变传统的城乡分工格局,让劳动力、技术、资金在城乡间顺畅流动,不断缩小城乡发展差距。

三、绿色发展

绿色是永续发展的必要条件和人民对美好生活追求的重要体现。必须坚持节约资源和保护环境的基本国策,坚持可持续发展,坚定走生产发展、生活富裕、生态良好的文明发展道路,加快建设资源节约型、环境友好型社会,形成人与自然和谐发展的现代化建设新格局,推进美丽中国建设,为全球生态安全作出新贡献。

(一)绿色发展理念的演进脉络

我们党历来高度重视生态环境保护。新中国成立初期,党的第一代领导集体就充分认识到保护自然环境对于社会主义建设的重要性。毛泽东在《论十大关系》里指出,"天上的空气,地上的森林,地下的宝藏,都是建设社会主义所需要的重要因素"①。1959年,毛泽东在与秘鲁议员团会谈时指出:"如果对自然界没有认识,或者认识不清楚,就会碰钉子,自然界就会处罚我们,会抵抗。"②改革开放后,邓小平指出,人口多、耕地少是"中国现代化建设必须考虑的特点"③。正是在对发展理念进行深刻思考的基础上,我国在20世纪80年代初就把保护环境作为基本国策,并且从90年代开始,我国将经济增长方式转型提到重要位置,将可持续发展作为一项重大战略加以推进。在党的十五大上,江泽民提出要"努力开创生产发展、生活富裕和生态良好的文明发展道路"④,将生态环境问题提高到发展道路层面上。21世纪以来,胡锦涛提出了"全面、协调、可持续"的科学发展观,其中,统筹人与自然和谐发展是科学发展观的重要内容之一。党的十八大以来,以习近平同志为核心的党中央将保护生产力提升到与解放生产力和发展生产力同等重要的高度,强调保护生态环境本身就是保护生产力。正是贯彻这一思路,党的十八大将生态文明建设纳入建设中国特色社会主义的整体设计中,提出"五位一体"的总布局;党的十八届三中全会提出我们要建设的现代化是"人与自然和谐共生的现代化",这也标志着我们党对中国特色社会主义经济建设规律的认识达到了新的高度。

---

① 《毛泽东文集》第七卷,人民出版社1999年版,第34页。
② 《毛泽东文集》第八卷,人民出版社1999年版,第72页。
③ 《邓小平文选》第二卷,人民出版社1994年版,第164页。
④ 《江泽民文选》第三卷,人民出版社2006年版,第295页。

（二）绿色发展解决发展持续性问题

绿色发展是顺应当今世界发展趋势的必然选择。面对日益激烈的国际竞争，世界各国都在挖掘新的经济增长点，打造新的经济发展模式。譬如，美国实施新能源战略，日本提出"绿色发展战略"，韩国实施"绿色增长战略"。这些发展战略的实施也从不同侧面反映出，生态治理已是全人类的迫切需要和全球大势所趋。近年来，气候变化问题在全球范围内引起广泛关注，国际社会积极推动碳中和建设。美国、英国、欧盟、俄罗斯、中国等纷纷出台碳达峰、碳中和行动计划。在第七十五届联合国大会一般性辩论上，习近平总书记发表重要讲话指出："中国将提高国家自主贡献力度，采取更加有力的政策和措施，二氧化碳排放力争于2030年前达到峰值，努力争取2060年前实现碳中和。"[①] 在这样的国际大背景下，我国推进绿色发展势在必行。

绿色发展是应对我国资源环境问题的现实要求。改革开放以来，我国在经济发展上取得了历史性成就，但40多年的快速发展积累了大量生态环境问题，这些问题已经成为制约经济社会发展的重要短板。一方面，我国资源约束日益趋紧。作为人口众多的发展中国家，我国人均能源生产量长期低于人均能源消费量（见图5-5），且人均资源占有量长期低于世界平均水平，那些对于经济发展至关重要的战略性资源，譬如石油、天然气、铁矿石等，我国人均占有量甚至不及世界平均水平。伴随着经济社会的高速发展，我国资源需求量与日俱增，对资源的粗放使用和过度开采使得经济发展与资源短缺之间的矛

---

① 《习近平在联合国成立75周年系列高级别会议上的讲话》，人民出版社2020年版，第10页。

盾日益激化。另一方面，我国生态环境形势十分严峻。作为一个传统的农业大国，我国仅用几十年时间就走完了西方发达国家几百年走完的工业化道路，但是这也让我们付出了极为沉重的生态环境代价。习近平总书记曾指出："我们在生态环境方面欠账太多了，如果不从现在起就把这项工作紧紧抓起来，将来会付出更大的代价。"①只有坚持绿色发展，统筹经济发展与生态文明建设，才能从根本上扭转我国经济发展所面临的严峻形势，实现永续发展。

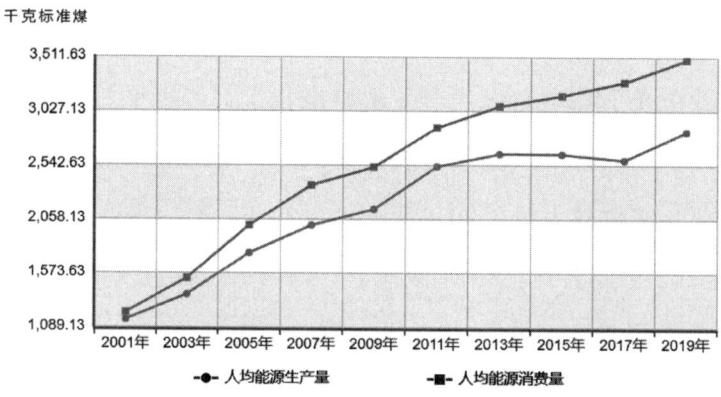

图 5-5 2001—2019 年我国人均能源生产量与人均能源消费量

资料来源：国家统计局官网。

绿色发展是满足人民美好生活需要的内在要求。党的十九大提出，中国特色社会主义进入新时代，社会主要矛盾已经转化为"人民日益增长的美好生活需要和不平衡不充分的发展之间的矛盾"。伴随着经济社会的发展和生活水平的提升，人民的需要已经不再局限于物

---

① 中共中央文献研究室编：《习近平关于全面建成小康社会论述摘编》，中央文献出版社 2016 年版，第 164 页。

质文化层面，良好的生态环境、优质的生态产品、绿色的生活方式都涵盖在人民对美好生活的向往中。而这些又都是最公平的公共产品，是最普惠的民生福祉。

生态兴则文明兴，生态衰则文明衰。建设生态文明，关系人民福祉，关乎民族未来。绿色发展理念是以习近平同志为核心的党中央立足于世情国情，在深刻总结国内外经济社会发展经验教训基础上提出的科学理念。坚持绿色发展，实现人与自然和谐共生，是中华民族永续发展的必然选择，关系到中国特色社会主义事业的兴衰成败。

（三）绿色发展的内涵和要求

绿色是生命的象征、大自然的底色，更是美好生活的基础、人民群众的期盼。绿色发展就是立足人与自然的统一，改变传统高耗能、高排放的经济发展方式，使资源、生产、消费等要素相匹配相适应，实现经济社会发展和生态环境保护协调统一。坚持经济建设与生态文明建设的辩证统一是绿色发展的核心意涵。习近平总书记曾提出，"环境就是民生，青山就是美丽，蓝天也是幸福，绿水青山就是金山银山"[①]。"两山论"转变了长期以来把生态环境保护看作是一种支出和投入的思维定式，将生态环境本身看作是一种收入和财富，深刻地调整了人与生态环境之间的经济关系。一方面，人是自然界的一部分，人与自然是一种共生关系。只有将"绿色"作为发展底色，尊重自然、顺应自然、保护自然，才能真正实现高质量发展和可持续发展。

---

① 《习近平谈治国理政》第二卷，外文出版社2017年版，第209页。

另一方面，保护生态环境和实现经济增长不是非此即彼的对立关系，绿水青山也是金山银山，生态环境本身就是经济增长的重要驱动。

坚持绿色发展，形成人与自然和谐发展现代化建设新格局，关键是要打破旧的思维定式和条条框框，将绿色发展理念贯穿到我国经济社会发展各方面的决策之中，贯穿到社会生产、流通、消费的全过程中。从实践层面来看，一是要坚持经济发展生态化。这就要求我们必须摒弃"先污染、后治理"的老路，改变过多依赖增加物质资源消耗、过多依赖规模粗放扩张、过多依赖高能耗高排放产业的发展模式，调整产业结构，化解过剩产能，发展低能耗、低排放、低污染的先进制造业、高新技术产业、现代服务业，逐渐形成节约资源和保护环境的生产生活方式，实现经济的绿色、低碳、循环发展。二是要推动生态保护经济化。当前，我国在生态环境保护和修复方面存在重大需求，推动生态保护经济化，就是使资源环境保护成为新的经济增长点，使生态优势转化为经济优势。打造新型绿色产业体系，大力发展生态工业、生态农业、生态旅游等产业，开发优质绿色产品，在推动生态文明建设的同时，创造出可观的经济收益。上述两个方面内在统一，相互支撑，共同促成经济发展与生态环境保护的良性循环。

四、开放发展

开放是一个国家繁荣发展的必由之路。必须顺应我国经济深度融入世界经济的趋势，奉行互利共赢的开放战略，坚持内外需协调、进出口平衡、引进来和走出去并重、引资和引技引智并举，发展更高层次的开放经济，积极参与全球经济治理和公共产品供给，提高我国在全球经济治理中的制度性话语权，构建广泛的利益共同体。

（一）开放发展理念的演进脉络

新中国成立后，遭到资本主义阵营严重的经济封锁，我国发展面临着相对恶劣的国际环境。但是，中国共产党第一代领导人并没有排斥对外开放，而是始终强调向外国学习的重要性。毛泽东在《论十大关系》中明确指出："一切民族、一切国家的长处都要学，政治、经济、科学、技术、文学、艺术的一切真正好的东西都要学。"[1]并且，毛泽东始终强调，我们在向外国学习的过程中必须坚持"洋为中用"的原则，"要向外国学习科学的原理。学了这些原理，要用来研究中国的东西"[2]。

20世纪70年代末，党的第二代中央领导集体充分认识到，在世界各国联系日益紧密的背景下，任何一个国家想要发展，实行对外开放是必然选择。邓小平在会见德意志联邦共和国新闻代表团时指出："关起门来，固步自封，夜郎自大，是发达不起来的。"[3]1978年，党的十一届三中全会作出实行改革开放的历史性决策。自此，改革与开放同步实施，我国逐渐由被动、片面、有限的对外开放，转为积极主动地走向世界。随着改革开放进程的深入，在大量引进国外资

---

[1] 《毛泽东文集》第七卷，人民出版社1999年版，第41页。
[2] 《毛泽东文集》第七卷，人民出版社1999年版，第78页。
[3] 《邓小平文选》第二卷，人民出版社1994年版，第132页。

金、技术、人才的同时，也带来一些不利于社会主义建设和发展的因素。因此，是否坚持开放发展、如何坚持开放发展就成为一个亟待解决的发展理念问题。坚定的开放发展理念贯穿于党的领导集体的执政方略。邓小平指出："中国执行开放政策是正确的，得到了很大的好处。如果说有什么不足之处，就是开放得还不够。"①世纪之交，党和国家实行了更为积极主动的开放战略，且更加重视对外开放的质量与水平。江泽民提出："'走出去'和'引进来'，是我们对外开放基本国策两个相辅相成的方面，二者缺一不可。"②2008年，胡锦涛在纪念党的十一届三中全会召开30周年大会上指出："我们要坚持对外开放的基本国策，拓展对外开放广度和深度，提高开放质量，完善内外联动、互利共赢、安全高效的开放型经济体系，加强同世界各国的经济技术交流合作，继续以自己的和平发展促进世界各国共同发展。"③党的十八大以来，面对国际政治经济局势深刻复杂变化，习近平总书记明确指出，"现在的问题不是要不要对外开放，而是如何提高对外开放的质量和发展的内外联动性"，"我们必须坚持对外开放的基本国策，奉行互利共赢的开放战略，深化人文交流，完善对外开放区域布局、对外贸易布局、投资布局，形成对外开放新体制，发展更高层次的开放型经济，以扩大开放带动创新、推动改革、促进发展"。④可见，无论世界经济环境如何变幻，党和国家坚持开放、推动发展的主旋律始终没有改变。

---

① 《邓小平文选》第三卷，人民出版社1993年版，第202页。
② 《江泽民文选》第二卷，人民出版社2006年版，第569页。
③ 《胡锦涛文选》第三卷，人民出版社2016年版，第174—175页。
④ 《习近平谈治国理政》第二卷，外文出版社2017年版，第199页。

（二）开放发展解决内外联动问题

当今世界正经历百年未有之大变局，我国发展的外部环境日趋复杂，国内外经济的良性联动面临严峻挑战。一方面，当前国际力量对比正在发生前所未有的积极变化，新兴市场国家和发展中国家群体性崛起正在改变全球政治经济版图，世界经济发展重心由西向东转移。作为最大的发展中国家，中国也正在世界舞台上发挥着超过以往任何时候的作用。另一方面，由于全球化进程造成世界发展的不平衡，逆全球化、反全球化浪潮此起彼伏，贸易保护主义、国家内顾倾向重新抬头，世界经济持续低迷。近年来，英国脱欧、美国退出一系列国际组织、若干国家之间反复发生经贸摩擦，这些事件都是逆全球化浪潮的表现。

习近平总书记指出："经济全球化是一把'双刃剑'。当世界经济处于下行期的时候，全球经济'蛋糕'不容易做大，甚至变小了，增长和分配、资本和劳动、效率和公平的矛盾就会更加突出，发达国家和发展中国家都会感受到压力和冲击。"[①]身处百年未有之大变局，机遇与挑战并存。抓住机遇、应对挑战的关键就在于准确把握世界发展的客观趋势。当前，尽管世界经济仍然存在诸多不确定性，但总的来看，世界范围内各个国家和地区之间的联系日益紧密，经济全球化仍是历史潮流，分工合作、互利共赢是长期趋势。经过几十年的改革开放，我国已经成为世界第二大经济体、最大货物出口国、第二大货物进口国、第二大对外直接投资国和最大外汇储备国，进出口总额呈上

---

① 《习近平谈治国理政》第二卷，外文出版社 2017 年版，第 477 页。

升趋势（见图5-6），我国经济已经深度融入世界。正是在这个意义上，中国的发展离不开世界，世界的繁荣同样离不开中国，开放是我国繁荣发展的必由之路。

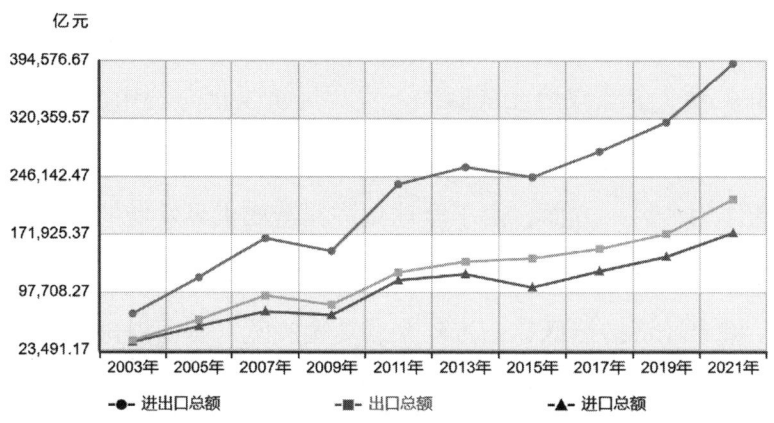

图5-6　2003—2021年我国进出口总额

资料来源：国家统计局官网。

进入中国特色社会主义新时代，以习近平同志为核心的党中央在综合研判世界发展大势的基础上，将开放发展上升到发展理念的高度，统筹推进"一带一路"倡议、自由贸易区战略等开放发展新战略，提出构建人类命运共同体，加快构建以国内大循环为主体、国内国际双循环相互促进的新发展格局，坚定不移地走出了一条面向世界、互利共赢的发展道路。开放发展理念的提出及其在实践中的贯彻，必将进一步拓宽我国经济的发展空间，也必将推动经济全球化朝着更加开放、包容、普惠、平衡、共赢的方向发展。

《论语新绎》

作者：吴天明

书号：978-7-5142-3597-5

定价：78.00元

本书作者吴天明，武汉大学文学院教授，国家社科项目优秀结题项目中国古代文化专家。主要著作有中国古代早期国家制度与中国古代文化专著，论文、译著、辞典、新闻作品等凡千万字，其中《论语新绎》是在近年来多位著名中国古代文化及文化史研究的前辈和中青年学者，尤其是作者本人在《论语》研究新成果的基础上写就的作品。

《论语》以孔子及其弟子的言行为研究对象，考察周秦之际中国古代文化与其演变过程等，主要研究孔子及其弟子的思想、道德等方面的言论，是我们研究孔子和先秦儒学重要的《论语》。

《唐诗新绎》

作者：刘顺华

书号：978-7-5142-3682-8

定价：68.00元

本书作者刘顺华，武汉大学文学院教授，中南地区文学研究所研究员，博士生导师（已过世），主要研究中国古代文化与研究中国古代文化。

《唐诗》是北宋苏东坡等著名文学家研究的作品，"诗唐"即"诗的唐代"，意蕴丰富，人才辈出，风骚雅颂、汉赋、古诗、乐府、乐府等，都在唐代得到新的发展，并在艺术上达到新的高度。唐诗中的《唐诗》，是明清以来一部最为重要最为著名的唐诗选本。刘顺华教授选《唐诗》144首，按照时代进行分类和评注，并按照事件发生的时间和地域进行注释，对我国的历史与文化人物、制度及政治性制度等做出分析阐述。

《宋词新绎》

作者：刘顺华

书号：978-7-5142-3509-8

定价：58.00元

本书作者刘顺华，武汉大学文学院教授，中南地区文学研究所研究员，博士生导师（已过世），主要研究中国古代文化与研究中国古代文化。

本书对中国历代文化的发展，对宋代以来的中国文化的影响，以及多个朝代的研究作出贡献，对宋明王朝的先进文化为重要的意义。尤其是王夫之思想理论是作在《宋》，并十五大卷，以及研究从中国古代文化。并因此重要系列而推出历代。

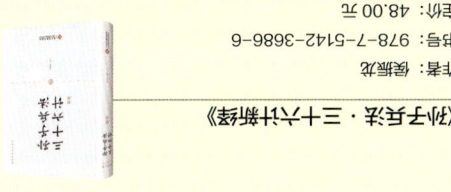

《孔子家语·三十六计新绎》

作者：邓兆龙

书号：978-7-5142-3686-6

定价：48.00元

本书作者邓兆龙，长在《历史故事》《国学事件》等刊物上发表过许多论著。主编《三十六计》《孔子家语》两书多种，选文字，注释，译注，适应各种读者在学习古典文化读物。为《孔子家语》《三十六计》进行了专门的注释并翻译。孔子对先秦诸子百家学派的影响深远，为之可知孔子对儒家思想和中国传统文化的重要作用，以此为重要的注释基础，为其我所提供了有力的帮助。

《三国名著精选新绎》（全二册）

作者：张永可等

书号：978-7-5142-3619-4

定价：128.00元

本书作者张永可，历任三江州大学、北京外国语大学、中国社会科学院教授，武汉大学法律与历史学系博士生导师等，主要研究中国古代文化。

本书选取《三国志》中的重要人物四十五人为主，以人物所生时代先后为序，将三国时代的历史和人物分别介绍，概括当三个时期的背景、精神、生活以及为人们分析，集汉三国兴衰的各个历史时期，以材料丰富、史料真实，以便研究的各类三国故事被各种题材接受。

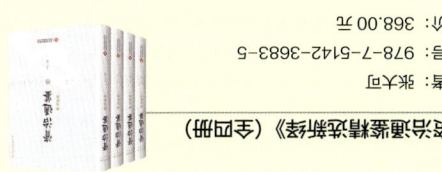

《资治通鉴精选新绎》（全四册）

作者：张永可

书号：978-7-5142-3683-5

定价：368.00元

本书作者张永可，历任三江州大学、北京外国语大学、中国社会科学院教授，武汉大学法律与历史学系博士生导师等，主要研究中国古代文化。

本书精选《资治通鉴》，本书精选篇目，以便于读者阅读与文化水准的方式，加以翻译与注释，内容与今日中国并置，其主要题材内容和人物的原文，附录原文与注释，对于广大学生了解与掌握战国以来、秦汉以来的中国古代历史文化，均有一定的帮助。

知名专家校勘打造最强阵容丛书

（共12种，23册，装帧精美，印刷精美，值得典藏）

《诗经多本新疏》（全三册）

作者：阮元
书号：978-7-5142-3057-4
定价：198.00元

本丛书之一，由西北师范大学等院校，中北大学等院校众多国内著名教授、青年学者组成专家学术团队精校整理。

《诗经多本新疏》以《诗经》为蓝本进行详解汇校，注释为辅助。列出了历代多种注释本的最详细注解等，并用了《诗经》、《毛诗》等四个版本图录，图物考文物、器物、动物、天文等。使读者既能够不费吹灰之力就多方位地涵学多知识，又能激发读者的兴趣，也是有效提高和提升的字典工具书。

《四书多本新疏》

作者：赵岐等等
书号：978-7-5142-3056-7
定价：98.00元

本丛书之一，由西北师范大学等院校，校文学等，另四个等。

本书以朱熹《四书章句集注》为蓝本，为"四书"，在经中多本新校新笺，内容十分丰富。各大长书，注释、语译，并采用新式标点。注释忠实原著，每条分条长书，注译多采众长，且从现代视角对原书中的新探讨，体现了当代学术的最新研究成果。不仅古汉语研究者，就是普通读者，也能把握其中的真意味要旨。

《昭明文选多本新疏》（全五册）

作者：张溥等
书号：978-7-5142-3055-0
定价：398.00元

本丛书之一，由西北师范大学等院校，广西师范大学校长，北京师范大学等专家教授协力，校长。

《昭明文选》是我国现存最早的一部诗文总集，选录先秦至梁130位（无名氏亦计入）作者的700余篇作品，按体裁分为赋、诗、骚、七、诏、册、令、教、文等38类。本书中各精选译注，首有校勘的题解，次为诗文本，以译文与注释间之为第三。注译为本卷准，注释为辅，许出略解，许出新意，极便读者阅读。

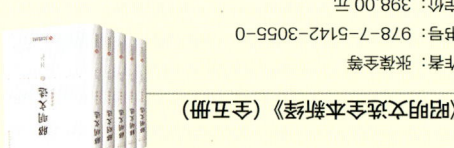

《名文观止多本新编新疏》（全二册）

作者：吴楚材等
书号：978-7-5142-3058-1
定价：158.00元

本书主编赵明，知名学者，就读专家，抗战前归国，先后在中山大学，西北大学等。本书分正文为十二卷，上起三代，下迄明末，共收录各类文章二百二十二篇。为了打造一部最好的《名文观止》，本书编者取精取华，以大家之众，为历代名家校勘编校最严，注释最详细，且附大的条目、体例明确，有相当可读性，回响了作者思想文化和时代的政治性。

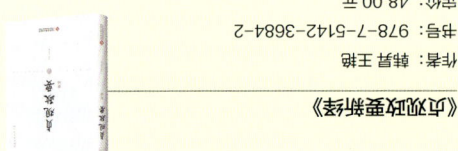

《古观改新疏》

作者：韩愈 王杨
书号：978-7-5142-3684-2
定价：48.00元

本丛书之一，由江西师范大学教授，博士生导师，数位师生均为博士参加了组织工作，参考相加完加在校任务中。

本书主要在《古观改》中的精选新疏多选之文，专家对重点在先秦至唐的著名文章。本书保留了原文，注译、考释详注、评析、上下文、附录颇多等，使阅读易于十五种图题等插图。

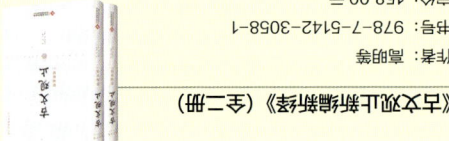

《颜氏家训多本新疏》

作者：颜廉明
书号：978-7-5142-3678-1
定价：58.00元

本书作者唐廉明，中南师范大学图书馆长，长江学校研究院院长，专著出版的著述最多有余书。

《颜氏家训》是我国历史上第一部系统完整的家训专书，涉及到齐末之之乱，内容涉及教育、儒学、佛学、历史、文学、文化，它涵盖诸多领域，本书在各种不同版本的古本最多的基础上，采用每专一门子涉及各种知识的方式，除了校勘、辩证、断句。是运的译论解析等了之外，还增加了新的内容又讲得又新的研究方法，以便读者需要阅读和又文知识的能力。

（三）开放发展的内涵和要求

相对于以往的开放而言，新发展理念中的开放包括三个层面的新内涵：对外开放与对内开放的有机结合、"走出去"与"引进来"的有机结合以及贸易、投资等传统开放方式与新型区域经济合作方式的有机结合。

第一，开放发展是对外开放与对内开放的有机结合。根据我国发展阶段和外部环境的变化，以习近平同志为核心的党中央审时度势，提出了"加快构建以国内大循环为主体、国内国际双循环相互促进的新发展格局"[①]的重大战略构想。以国内大循环为主体，就是把国内市场和扩大内需作为战略基点，着力打通生产、分配、流通、消费各个环节，充分激发我国超大规模的市场优势和内需潜力。当然，以国内大循环为主体，绝不是有内无外，绝不是关起门来封闭运行，而是通过把对外开放和对内开放结合起来考虑，把跨境发展和内向发展统筹起来推进，使国内市场和国际市场更好联通，实现更加强劲可持续的发展。

第二，开放发展是"引进来"和"走出去"的有机结合。习近平总书记指出："现在，我国对外开放也出现了一些新特点：过去是招商引资为主，现在是引进来和走出去并重；过去主要是扩大出口换取外汇，现在是市场、资源能源、投资都离不开国际市场；过去只是被动适应国际经贸规则，现在则要主动参与和影响全球经济治理。"[②]这

---

① 《中共中央关于制定国民经济和社会发展第十四个五年规划和二〇三五年远景目标的建议》，人民出版社 2020 年版，第 6 页。
② 中共中央文献研究室编：《习近平关于社会主义经济建设论述摘编》，中央文献出版社 2017 年版，第 295 页。

充分表明，相较于以往，当前我们更加重视开放发展的协调性和主动性。就协调性而言，必须坚持"引进来"和"走出去"结合，更好利用国际国内两个市场、两种资源，更加积极促进内需和外需平衡、进口和出口平衡、引进外资和对外投资平衡，逐步实现国际收支基本平衡。就主动性而言，要加快"走出去"的步伐，勇于在全球范围内配置资源、开拓市场，在激烈的国际竞争中抢占先机，赢得发展的主动权。

第三，开放发展是贸易、投资等传统方式与新型区域经济合作方式的有机结合。以往，我国对外开放主要依托贸易和投资等传统方式进行。党的十八大以来，我国积极开展区域经济合作，通过发起"一带一路"倡议、开展亚太区域经济合作、推动自贸试验区建设，进一步拓展了对外开放的方式和途径。坚持开放发展，一方面，要依托传统开放方式巩固优势。在贸易领域，积极推动我国从贸易大国向贸易强国的转变，着力提升我国在全球价值链中的地位。在投资领域，对外创新投资方式，对内营造优良投资环境，推动投资自由化、便利化。在金融领域，深化人民币汇率形成机制改革，稳步推进人民币国际化，提高货币合作的广度和深度。另一方面，要依托新兴开放方式培育竞争新优势。完善对外开放区域布局，深入推进"一带一路"建设，发挥自由贸易试验区改革开放试验田作用，形成引领国际经济合作和竞争的开放区域，培育带动区域发展的开放高地。

五、共享发展

共享是中国特色社会主义的本质要求。必须坚持发展为了人民、发展依靠人民、发展成果由人民共享,作出更有效的制度安排,使全体人民在共建共享发展中有更多获得感,增强发展动力,增进人民团结,朝着共同富裕方向稳步前进。

(一)共享发展理念的演进脉络

共享理念是中国共产党发展理念的重要组成部分。中国共产党自成立伊始,就始终将"让人民过上好日子"作为革命和奋斗的心之所向。在新民主主义革命时期,为了缓解农民的贫困状况,我们党开展土地革命,分别采取减租减息、限租限田、没收地主官僚土地分给贫苦农民、土地收归国有再平均分配给农民等多种形式的政策主张。这些政策的实行,使共享发展和共同富裕的理想在中国第一次获得了现实写照。新中国成立后,国家面临稳定和发展国民经济、加强国防建设、提高人民生活水平等多方面任务。其中,如何处理好积累与消费的关系,是最迫切需要解决的问题。在《论十大关系》中,毛泽东开宗明义地指出:"提出这十个问题,都是围绕着一个基本方针,就是要把国内外一切积极因素调动起来，为社会主义事业服务。"①那么，如何调动积极因素呢？毛泽东提出了利益共享的基本原则："我们历来提倡艰苦奋斗，反对把个人物质利益看得高于一切，同时我们也历来提倡关心群众生活，反对不关心群众痛痒的官僚主义。"②可见，共享发展理念可在第一代领导集体中找到思想源头。

改革开放以来，党和国家把实现共同富裕作为社会主义本质加以强调。在1992年的南方谈话中，邓小平提出："社会主义的本质，是解放生产力，发展生产力，消灭剥削，消除两极分化，最终达到共同富裕。"③在"先富带后富"这一路径的指引下，我国综合国力迅速增强，人民生活水平显著提高。但与此同时，不同行业、区域、群体之间的收入差距呈现出扩大趋势。以江泽民同志为核心的党的第三代中央领导集体高度关注社会贫富差距问题，强调中国共产党要始终代表中国最广大人民的根本利益。党的十六大报告明确提出："在经济发展的基础上，促进社会全面进步，不断提高人民生活水平，保证人民共享发展成果。"④自此，"共享发展"作为一个科学概念开始在党的政策文件中广泛使用。进入21世纪，人民渴望共享发展成果、实现共同富裕的愿望愈发强烈。在此背景下，胡锦涛提出以人为本的科学发展观，强调"要始终把实现好、维护好、发展好最广大人民的根本利益作为党和国家一切工作的出发点和落脚点，尊重人民主体地位，发挥人民首创精神，保障人民各项权益，走共同富裕道路，促进人的全面发展，做到发展为了人民、发展依靠人民、发展成果由人民

---

① 《毛泽东文集》第七卷，人民出版社1999年版，第23页。
② 《毛泽东文集》第七卷，人民出版社1999年版，第28页。
③ 《邓小平文选》第三卷，人民出版社1993年版，第373页。
④ 《江泽民文选》第三卷，人民出版社2006年版，第534页。

第五讲　贯彻新发展理念

共享"①。党的十八大以来,我国经济发展的"蛋糕"不断做大,但分配不公问题比较突出,收入差距、城乡区域公共服务水平差距较大。为此,习近平总书记指出:"我们必须坚持发展为了人民、发展依靠人民、发展成果由人民共享,作出更有效的制度安排,使全体人民朝着共同富裕方向稳步前进,绝不能出现'富者累巨万,而贫者食糟糠'的现象。"②由此可见,"以人民为中心"是我们党的一贯立场。历届领导人的这些重要论述不仅强化了社会主义经济共享发展的价值导向,还为缩小收入分配差距、完善社会公共服务提供了重要理论依据。

(二)共享发展解决社会公平正义问题

改革开放以来,在"一个中心、两个基本点"基本路线的指引下,我国综合国力显著增强,社会物质财富存量达到较高水平,这为实现共享发展奠定了坚实的物质基础。数据显示,从1978年至2015年,我国国内生产总值从3679亿元增加到688858亿元,实际增长187倍。居民人均可支配收入从171元增长至21966元(见图5-7),全国城镇居民人均可支配收入由343元增加到31790元,实际增长92倍,农民人均纯收入由134元增加到10772元,实际增长79倍,总体上实现了从低收入国家向上中等收入国家的跨越。③根据世界银行测算,我国经济总量在世界经济中占比从改革开放初期的1.8%上升到2015年的14.8%,经济体量相当可观。④总体而言,改革开放以后,我

---

① 《胡锦涛文选》第二卷,人民出版社2016年版,第624页。
② 《习近平谈治国理政》第二卷,外文出版社2017年版,第200页。
③ 数据来源:国家统计局官网。
④ 数据来源:世界银行官网。

国在经济建设领域成就显著,在"做大蛋糕"方面获得了实质性进展。

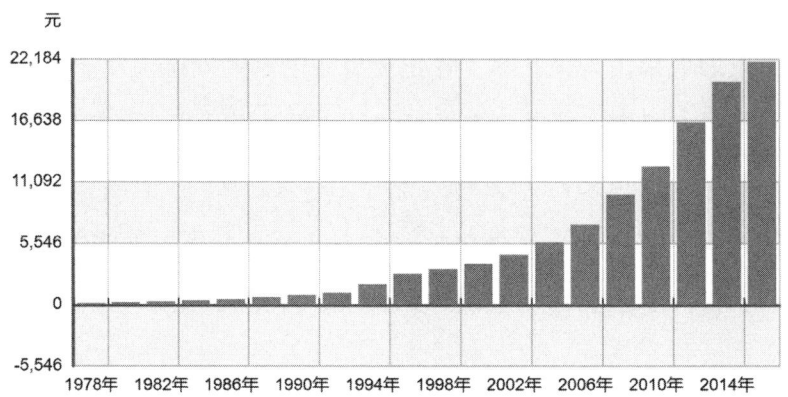

图5-7 1978—2015年我国居民人均可支配收入

资料来源:国家统计局官网。

在"做大蛋糕"的同时,必须"分好蛋糕",这是社会主义的本质要求。改革开放后,一部分人和一部分地区率先富裕起来,极大地激发了广大人民群众建设社会主义的热情。但与此同时,我国在"分蛋糕"方面的矛盾日益凸显。其一,社会收入差距较大。社会收入差距不仅包括居民收入差距,还表现为地区收入差距、城乡收入差距、行业收入差距,等等。仅从居民收入差距来看,尽管近年来我国居民人均可支配收入基尼系数呈下降趋势,但是2021年我国居民人均可支配收入基尼系数仍达到0.466(见图5-8),长期超出世界平均水平。① 其二,居民收入增长速度低于国内生产总值增长速度。1979年

---

① 数据来源:国家统计局官网。

至2014年,城乡居民收入的提高均低于经济增长速度,经济增长速度分别快于城乡居民收入增速2.3和2.1个百分点。① 其三,仍有相当规模的贫困人口。按照现行标准,截止到2014年末,我国还有7017万农村贫困人口。对此,习近平总书记曾指出:"如果不能给老百姓带来实实在在的利益,如果不能创造更加公平的社会环境,甚至导致更多不公平,改革就失去意义,也不可能持续。"②

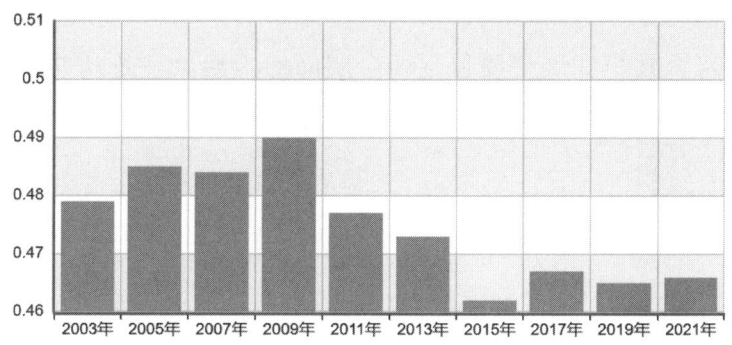

图5-8 2003—2021年我国居民人均可支配收入基尼系数

资料来源:国家统计局官网。

为解决我国"蛋糕"做大以后呈现出的社会公平正义问题,以习近平同志为核心的党中央将"共享"上升到发展理念的高度,充分彰显出"以人民为中心"的根本立场。党的十八大以来,党和国家坚持在发展中保障和改善民生,不断改进和完善普惠兜底的社会保障体制机制,取得了打赢脱贫攻坚战、消除绝对贫困和区域性整体贫困、

---

① 数据来源:国家统计局官网。
② 《习近平谈治国理政》第一卷,外文出版社2018年版,第96页。

全面建成小康社会等一系列历史性成就。"十三五"期间，我国经济总量突破百亿大关，已稳居中等偏上收入国家行列，形成了世界最大规模中等收入群体。可见，共享发展理念为促进社会公平正义，推动发展成果由全民共享提供了重要的理论指南。

（三）共享发展的内涵和要求

共享就是共同享有，共享发展的实质就是以人民为中心的发展。具体而言，共享发展主要包括四个层面的内涵。一是从共享主体来看，共享发展是指全民共享。全民共享要求人人享有、各得其所，而非少数人共享、一部分人共享。二是从共享客体来看，共享发展是指全面共享。全面共享也即共享国家经济、政治、文化、社会、生态文明各方面建设成果，全面保障人民在各方面的合法权益共享，强调共享内容的多方面和多层次。三是从共享条件来看，共享发展是共建共享。共建是共享的基础，只有共建才能共享，共建的过程也是共享的过程，强调参与、贡献与共享的统一。四是从共享进程来看，共享发展是渐进共享。共享发展必将有一个从低级到高级、从不均衡到均衡的过程，即使达到很高的水平也会有差别，渐进共享强调共享程度和水平要与我国经济社会发展水平相适应。四个方面相互联系，内在统一，从"由谁共享""共享什么""如何共享""何时共享"四个维度完整勾勒了共享发展的丰富内涵，充分体现出人民性、科学性、发展性、公平性的有机统一。

习近平总书记指出："落实共享发展理念，'十三五'时期的任务和措施有很多，归结起来就是两个层面的事。"①一是不断把"蛋糕"做大，二是把不断做大的"蛋糕"分好。就做大"蛋糕"而言，就是要充分调动广大人民群众建设社会主义事业的积极性、主动性、创造性，形成让一切劳动、知识、技术、管理和资本的活力竞相迸发，让一切创造社会财富的源泉充分涌流的局面，举全民之力推进中国特色社会主义事业，创造出更多用于分配的发展成果。就"分好蛋糕"而言，就是要使社会主义制度的优越性得到更充分体现，让人民群众有更多获得感。一方面，必须坚持公有制为主体、多种所有制经济共同发展，按劳分配为主体、多种分配方式并存的社会主义基本经济制度，这是劳动者共享经济发展成果的重要制度保障。另一方面，必须完善公共服务体系和社会保障制度，大力推进基本公共服务均等化，特别是要增加低收入群体的福利，这是维护发展成果全民共享的兜底保障，有利于逐步缩小群体间的差距。总而言之，落实共享发展是一门大学问，要做好从顶层设计到"最后一公里"落地的工作，在实践中不断取得新成效。

本讲小结

新发展理念是一个内涵丰富、逻辑严密的有机整体。其中，创新是发展的第一动力，协调是发展的内生特点，绿色是发展的必要条

---

① 中共中央文献研究室编：《习近平关于社会主义经济建设论述摘编》，中央文献出版社2017年版，第43页。

件，开放是发展的必由之路，共享是发展的价值旨归。五大发展理念各有侧重、相互联系、相互贯通、相互促进。作为新时代引领我国发展的"指挥棒"和"红绿灯"，新发展理念的贯彻落实，是关系我国发展全局的深刻变革，对中华民族伟大复兴而言意义深远。必须树立全面系统的科学思维，将新发展理念作为一个有机整体，在经济社会发展的各方面和全过程加以贯彻落实，不断开拓发展的新境界。

第六讲
构建新发展格局

当今世界正经历百年未有之大变局，我国发展面临着前所未有的复杂环境。2020年4月10日，在中央财经委员会第七次会议上，习近平总书记提出要构建以国内大循环为主体、国内国际双循环相互促进的新发展格局。党的十九届五中全会进一步将其作为我国实施"十四五"规划的关键内容之一，并将"构建新发展格局"作为实现2035年远景目标的重要举措，提出要把形成强大国内市场和建设贸易强国两者统一起来。构建新发展格局，是以习近平同志为核心的党中央根据我国发展阶段、环境、条件变化，审时度势作出的重大战略决策，是新发展阶段推动我国经济社会持续健康发展的重要遵循。

一、国际国内经济形势的深刻变化

（一）国际经济形势的变化

从国际形势来看，进入21世纪以来，世界百年未有之大变局进入加速演变期，国际环境日趋错综复杂。一方面，和平与发展仍然是时代主题，国际形势总体呈现出稳定态势。随着新一轮科技革命的迅猛发展，世界范围内各个国家和地区之间的经济、政治、文化联系日益紧密，相互依存程度不断加深。在此背景下，任何一国发生经济危机、政治动荡和社会冲突，都会影响全球政治经济格局的稳定。这意味着人类命运前所未有地休戚与共，各国的生存和发展进入到唇齿相依的阶段，世界已经成为不可分割的利益共同体。当前，国际力量对比正在朝着有利于维护世界和平方向发展。20世纪下半叶特别是21世纪以来，一大批发展中国家快速发展，国际影响力不断增强，以西方国家为主导的全球治理体系出现变革迹象，全球经济重心出现东移趋势，这是近代以来国际力量对比中最具革命性的变化。相较于以往，新兴国家在国际舞台上发挥着越来越重要的作用，西方发达资本主义国家在制定国际秩序上的"一言堂"正逐步被各国共同协商的方式所代替。世界上的事情越来越需要各国共同商量着办，建立国际机制、遵守国际规则、追求国际正义成为多数国家的共识。这是当前国际形势变化对我们有利的一面。

另一方面，经济全球化遭遇逆流，国际形势的不稳定性和不确定性明显增加。随着经济全球化进程的深入，资本主义生产方式的内部矛盾日益凸显，发达资本主义国家在全球经济中的地位、作用和影响力呈衰落趋势。自2008年国际金融危机爆发以来，一些原本致力于推动经济全球化的发达国家开始转变态度，掀起了一场持续至今的逆全球化浪潮，以达到遏制发展中国家崛起和维护自身地位的目的。近年来，发达国家贸易保护主义和内顾倾向明显，多边贸易体制遭受了严重冲击。英国脱欧，美国退出一系列国际组织、制造经贸摩擦等行为就是保护主义和单边主义的典型反映。受到逆全球化浪潮影响，近年来全球外资直接投资额持续走低，全球贸易增速明显下滑，世界经济陷入低迷。从当前来看，国际形势已经发生了深刻变化，各类矛盾叠加、风险和挑战明显增加。这些矛盾不仅发生在经济领域，而且经济、政治、文化、金融、军事、科技各个领域相互交织，涉及社会制度、意识形态、民族文化、宗教信仰等各个方面；不仅不同国家和不同阵营之间存在矛盾，国家和民族内部的矛盾也日趋激烈。总而言之，当前世界发展形势风云莫测，动荡状态此起彼伏，民粹主义、排外主义、霸权主义严重威胁着世界的和平与发展。要合作还是要对立，要开放还是要封闭，要互利共赢还是要以邻为壑，国际社会再次来到何去何从的十字路口。

与此同时，在21世纪第三个十年到来之际暴发的全球性新冠疫情，更是给全球化进程蒙上了一层阴影。受新冠疫情影响，国际贸易和投资大幅萎缩，金融市场剧烈波动，生产要素在全球范围内的流动受阻，全球产业链、供应链严重受创，众多产业发展停滞，世界经济下行压力加大。数据显示，2020年全球经济增速为-3.1%，发达经济体经济增速为-4.5%，这是继2008年金融危机发生后又一次的全球性经济衰退（见图6-1）。①尽管随着疫情后续得到控制，世界经济有望走出低迷、迎来复苏，但总体而言，我国对外开放的外部环境仍然不容乐观。习近平总书记指出："过去大环境相对平稳，风险挑战比较容易看清楚；现在世界形势动荡复杂，地缘政治挑战风高浪急，暗礁和潜流又多，对应变能力提出了更高要求。"②面临纷繁复杂的国际形势，中国共产党因时而动、顺势而为，作出了以国内大循环为主

---

① 数据来源：国际货币基金组织（IMF）官网。
② 习近平：《论把握新发展阶段、贯彻新发展理念、构建新发展格局》，中央文献出版社2021年版，第5页。

体、国内国际双循环相互促进构建新发展格局的战略抉择，这是在新冠疫情蔓延的背景下应对逆全球化的重大战略。

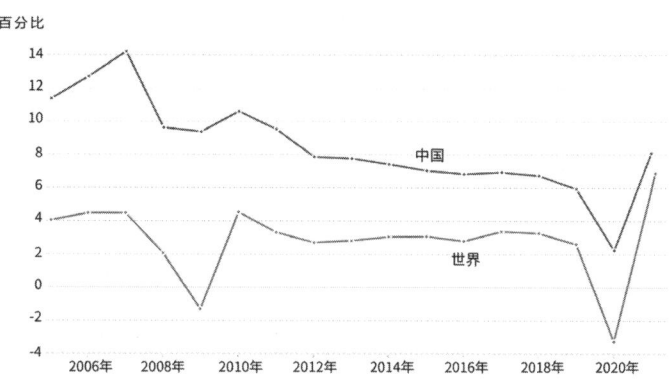

图6-1　2005—2021年中国与世界国内生产总值增长率对比

资料来源：世界银行官网。

（二）国内经济形势的变化

从国内来看，我国继续发展具有多方面优势和条件，但是也面临不少困难和挑战。改革开放以来，我国抓住发达国家进行国际产业转移的历史性机遇，充分利用我国劳动力和自然资源相对丰富的优势，取得了世人瞩目的经济增长成绩。2010年，我国成为世界第二大经济体，雄厚的经济实力构成了我国发展和抵御外部风险的坚实基础。

然而，长期以来，我国依托廉价劳动力形成的市场和资源"两头在外"的发展模式也带来了两种不良后果。其一，导致本土企业难以提升竞争力。由于本土企业大量集中在附加值比较低的加工、制造、包装环节，上游研发设计和下游渠道品牌涉及较少，导致本土企业被锁定在全球价值链的低附加值环节，且难以向上攀升。其二，导致地方经济恶性竞争和不合理的区域分工格局。自20世纪90年代初实施分税制改革以来，地方政府获得了推动本地经济发展的财政激励，各地纷纷出台各种优惠政策招商引资。在这个过程中，那些投入产出大、见效快的劳动密集型、资本密集型制造业受到地方政府的重视和扶持。同时，由于地方政府主要是从本地市场出发培育产业体系，很少从大区域的产业分工视角出发进行统筹谋划，这就造成严重的重复建设、产能过剩以及不合理的区域分工状况。由于各地普遍强调"全产业链""补链强链""本地配套"，一些突出产业特色、强调产业首位度以及打造细分市场冠军的政策措施形同虚设，各地形成的仍然是"大而全""小而全"的产业布局，区域产业分工的良性格局远未形成。

随着我国经济体量的不断扩大，产业结构不合理、区域发展不平衡、市场流通不顺畅等问题日益凸显，严重制约着经济的高质量发展。特别是21世纪以来，我国劳动力、土地等要素红利逐渐消散，生产体系内部循环不畅和供求脱节现象显现，转变经济增长方式的要求十分迫切。面对经济运行过程中出现的新情况、新问题，以习近平同志为核心的党中央作出了"经济新常态"的科学研判。经济新常态具有三个方面的特点：一是从高速增长转为中高速增长。二是经济结构不断优化升级，第三产业、消费需求逐步成为主体，城乡区域差距逐步缩小，居民收入占比上升，发展成果惠及更广大民众。三是从要素驱动、投资驱动转向创新驱动。

对于我国这样一个发展中国家而言，这是发展到一定阶段必然会迎来的战略转型期，必须主动适应、把握、引领经济发展新常态。需要强调的是，随着新冠疫情在全球蔓延，我国经济发展也相应受到波及。数据显示，受疫情影响，2020年第一季度我国进出口总额6.57万亿元，下降6.4%（见图6-2）。其中，出口3.33万亿元，下降11.4%；进口3.24万亿元，下降0.7%；贸易顺差983.3亿元，减少80.6%。对美国、欧盟、日本等传统市场出口分别下降23.6%、14.2%、14.1%。[①]在经济不景气的大环境下，居民消费和企业投资都趋于保守，国内消费需求的萎缩导致我国经济发展缺乏内生动力。面对出口受阻和内需不足的严峻形势，畅通国内经济循环的紧迫性和重要性日益凸显，我们必须将扩大内需作为战略基点，依托国内大市场优势，推动生产、分配、流通、消费各环节更多依托国内市场实现良性循环，从而保障我国经济平稳运行。

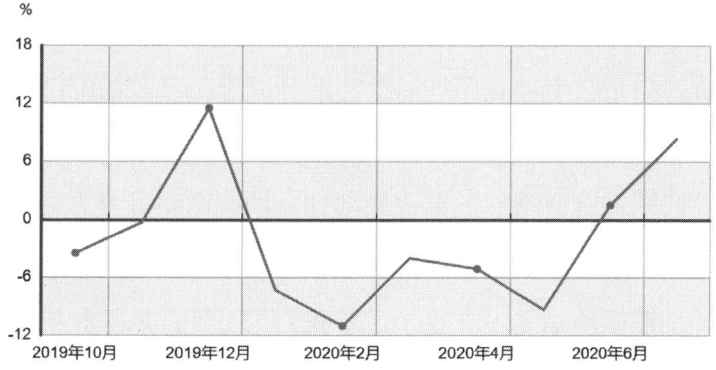

图6-2　我国进出口总值同比增长情况（2019年10月—2020年6月）

资料来源：国家统计局官网。

---

① 参见《商务部有关负责人谈2020年一季度我国对外贸易情况》，中国政府网2020年4月16日。

习近平总书记指出："综合分析国内外形势，当前和今后一个时期，我国发展仍然处于重要战略机遇期，但机遇和挑战都有新的发展变化。"①当前，我们已经进入全面建设社会主义现代化国家、向第二个百年奋斗目标进军的新发展阶段。新发展阶段贯彻新发展理念必然要求构建新发展格局。从根本上说，构建以国内大循环为主体、国内国际双循环相互促进的新发展格局，是适应国内外经济形势的深刻变化，适应我国发展模式转型要求的战略抉择。构建新发展格局事关我国经济社会发展全局，是立足当前、着眼长远的战略谋划，必须从全局和战略的高度准确把握加快构建新发展格局的战略构想。

二、以国内大循环为主体

经济社会是一个动态循环系统。从马克思主义政治经济学视角来看，经济运行表现为社会再生产反复进行、社会总产品不断实现的循环过程。按照经济活动的国家边界划分，经济循环可分为国内经济循环和国际经济循环。②对于中国这样一个社会主义大国而言，实现国内经济的良性循环是重中之重，这是我们应对外部风险和挑战的立身之本。

---

① 习近平：《论把握新发展阶段、贯彻新发展理念、构建新发展格局》，中央文献出版社2021年版，第4页。
② 黄群慧：《畅通国内大循环 构建新发展格局》，《光明日报》2020年7月28日。

（一）畅通国内经济循环是重塑竞争优势的关键

所谓国内大循环，就是以扩大内需作为战略基点，使生产、分配、流通、消费更多地依托国内市场，充分激发我国超大规模的市场优势和内需潜力。事实上，自1998年亚洲金融危机以来，我国就更加强调扩大内需对于经济发展的支撑作用。2008年国际金融危机以后，我国经济逐步从国际大循环为主体向国内大循环为主体转变。数据显示，我国经常项目顺差同国内生产总值的比率由2007年的9.9%降至2020年的不到1%，国内需求对经济增长的贡献率有7个年份超过100%。未来一个时期，国内市场主导国民经济循环特征会更加明显，经济增长的内需潜力会不断释放。①

从辩证法来看，内因是事物发展变化的根据，外因是事物发展变化不可缺少的条件，从根本上决定事物发展趋势的是内因。大国经济健康发展的一个重要特征，就是能够实现国内经济的良性循环，进而以国内经济循环带动国际经济循环。2020年4月，习近平总书记在中央财经委员会第七次会议上的重要讲话中指出："国内循环越顺畅，越能形成对全球资源要素的引力场，越有利于构建以国内大循环为主体、国内国际双循环相互促进的新发展格局，越有利于形成参与国际竞争和合作新优势。"② 一般情况下，一个国家的经济体量和收入水平往往与国内生产总值中国内消化的部分成正比。作为世界第二大经济体，我国国民经济运行必然更加仰赖于国内经济循环，这是经济体量

---

① 参见《习近平重要讲话单行本（2020年合订本）》，人民出版社2021年版，第75页。
② 习近平：《论把握新发展阶段、贯彻新发展理念、构建新发展格局》，中央文献出版社2021年版，第343页。

做大的客观趋势和必然结果。正是从这个意义上讲，以国内大循环为主体构建新发展格局，不仅是出于应对外部形势变化的现实考量，更是对经济规律和发展趋势的科学把握，目的就是要将发展的主动权牢牢掌握在自己手中。

从目前来看，我国已经基本具备了实行国内大循环的条件和基础。在需求方面，未来一个时期，我国国内市场主导经济循环的特征会更加明显，经济增长的内需潜力会不断释放。我国拥有14亿多人口的内需市场，形成了超大规模市场优势和内需潜力。"十三五"期间，我国已稳居中等偏上收入国家行列，人均国内生产总值达到1万美元，形成了世界最大规模中等收入群体（见图6-3）。

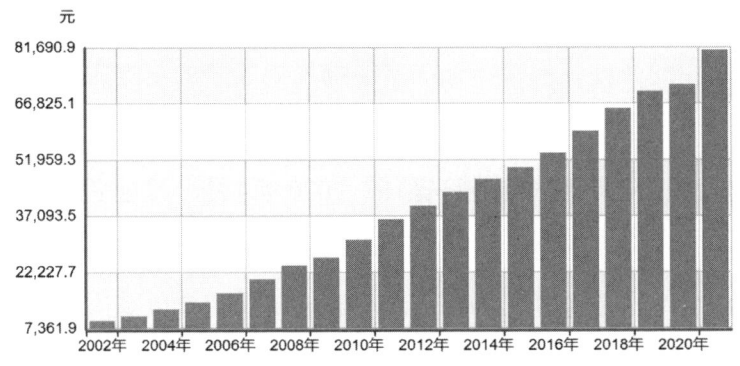

图6-3　2002—2021年我国人均国内生产总值

资料来源：国家统计局官网。

2019年，我国社会消费品零售总额突破40万亿元大关（见图6-4），接近排在首位的美国，位居世界第二，今后还有稳步增长空间。随着经济社会发展，人民对美好生活的向往日益迫切，我国的市场优势和内需潜力也将持续释放。

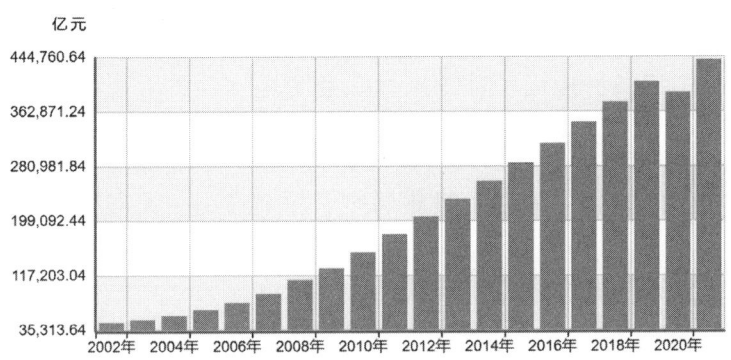

图6-4　2002—2021年我国社会消费品零售总额

资料来源：国家统计局官网。

在供给方面，我国拥有包括39个工业大类、191个中类、525个小类在内的世界上最完整的工业体系，是全世界唯一拥有联合国产业分类中全部工业门类的国家。此外，我国主要农产品产量跃居世界前列，科技创新和重大工程捷报频传，拥有超过1.7亿受过高等教育或拥有专业技能的人才，劳动力的比较优势仍然明显。基于国内大市场形成的强大生产能力，能够促进全球要素资源整合创新，使规模效应和集聚效应最大化发挥。

（二）畅通国内经济循环的实践路径

2020年中央经济工作会议提出："加快构建以国内大循环为主体、国内国际双循环相互促进的新发展格局，要紧紧扭住供给侧结构性改革这条主线,注重需求侧管理,打通堵点,补齐短板,贯通生产、分配、流通、消费各环节,形成需求牵引供给、供给创造需求的更高水平动态平衡,提升国民经济体系整体效能。"①这表明,畅通经济循环的重点在于妥善处理供给和需求之间的关系,一方面要拉动需求、打通堵点,另一方面要优化供给、提高生产效率。

需要明确的是,国内大循环是建立在全国统一大市场基础之上全国范围内的经济循环,既要反对各省、市内部搞"小而全"的自我循环,也要反对各地以"内循环"的名义设置行政壁垒,阻碍国内经济的良性循环。因此,畅通国内大循环,必须同实施区域协调发展战略、主体功能区战略等有机衔接起来。具体而言,就是要在充分考虑自然条件、历史因素、资源禀赋和差异化优势的基础上,打造合理的区域产业分工,有效对接不同地区的产业供给和消费需求,形成完整的产业链条和价值闭环。党的十八大以来,我国相继实施了京津冀协同发展、长江经济带、黄河流域生态保护和高质量发展核心示范区、粤港澳大湾区、成渝地区双城经济圈、东北全面振兴等一系列重大区域发展战略,可在这些区域发展战略的基础上,考虑构建三种类型的国内大循环,并借此打造全国统一大市场。其一是南北方、东中西部的实体经济大循环,其二是南北方、东中西部的数字经济大循环,其三是南北方、东中西部的"生态—产业"大循环。在这些大循环的基础上,加快土地和劳动力市场、资本市场、技术和数据市场、能源市场以及生态环境市场的发展。

首先,打通实体经济大循环。实体经济发展是国内经济循环的基

---

① 《中央经济工作会议在北京举行》,《人民日报》2020年12月19日。

础。既要让南北方、东中西部在国内产业链条中占据不同的位置，同时也要使不同的板块在产业链上下游实现供需的精准对接，提高最终产品的附加值、精细度和市场竞争力。一方面，我国北方和中西部扎根于产业链条的中上游，主要提供农产品、工业原材料、能源矿产和相对廉价的劳动力，其主导产业集中在原料加工、重化工业和装备制造产业。另一方面，南方和东部沿海地区主要着眼于产业链中下游，重点发展轻工业、快速消费品产业以及服务业，直接面对国际市场，掌握产品"终端"。在国家中心城市、区域中心城市、北方和西部的重要中心城市新建扩建各类商品交易市场，巩固夯实国内经济循环的微观基础。

其次，打通数字经济大循环。在数字经济蓬勃发展的背景下，全国统一大市场的内容已经不局限于实体商品交易范畴，数字商品也已成为全国统一大市场的重要交易标的之一。在这个领域，区域之间同样具有广阔的分工合作空间。以近期实施的"东数西算工程"为例，通过构建数据中心、云计算、大数据一体化的新型算力网络体系，将东部算力需求有序引导到西部，优化数据中心建设布局，促进东西部协同联动。目前，已在京津冀、长三角、粤港澳大湾区、成渝、内蒙古、贵州、甘肃、宁夏等8地启动建设国家算力枢纽节点，并规划了10个国家数据中心集群。腾讯云、阿里云、快手等IT厂商都已在"东数西算"算力枢纽节点地区布局或投产了数据中心。"东数西算工程"不仅有利于提升国家整体算力水平，促进绿色发展，更值得注意的是，通过算力设施由东向西布局，将带动相关产业有效转移，促进东西部数据流通、价值传递，延展东部发展空间，推进西部大开发形成新格局，为畅通东西部、南北方的经济循环提供重要的信息基础。

最后，打通生态—产业大循环。南北方、东中西部的合作还体现在生态层面，涵盖了生态补偿、生态修复、生态产品交易等内容。南北方、东中西部所形成的发展差距，一方面根源于自然环境条件的差异，另一方面也与不同区域在生态环境保护工作中的角色定位紧密相关。因此，南北方、东中西部的区域产业分工不仅是经济意义上的分工，也是生态环境意义上的分工。为此，要落实国土空间主体功能区规划，试点推进不同区域之间的生态补偿机制。我国国土空间按开发方式分为优化开发区域、重点开发区域、限制开发区域和禁止开发区域等四种类型。其中，大批限制开发区域和禁止开发区域都位于北方和西部地区，具有代表性的有大小兴安岭森林、三江平原湿地、三江源草原草甸湿地、科尔沁草原、呼伦贝尔草原草甸、阿尔泰山地森林草原等一大批重要的生态功能区。为此，一方面，要切实推动区域生态分工格局的形成。以黄河流域生态保护和高质量发展核心示范区建设为例，通过将黄河流域分为生态功能区、粮食主产区和中心城市区，形成各功能区差异化的生态分工定位。如三江源、祁连山等生态功能重要的地区，就不宜发展产业经济，主要是保护生态，涵养水源，创造更多生态产品。河套灌区、汾渭平原等粮食主产区主要发展现代农业，以保障国家粮食安全。区域中心城市等经济发展条件好的地区要集约发展，提高经济和人口承载能力。另一方面，积极推进省际财政转移支付工作，试点实施南方对北方、东部对西部的生态补偿机制，大力实施对口援建，让南方和北方、东部和西部形成产业和生态双重意义上的区域分工。

三、国内国际双循环相互促进

构建以国内大循环为主体、国内国际双循环相互促进的新发展格局,不是要与世界"脱钩",而是要以全球化的视野配置劳动力和生产资料,推动国内产业经济循环和区域经济循环的全球化展开,更为积极、更为主动地参与到构建"全球化生产方式"的国际行动中去。

(一)国内国际双循环的形成

"双循环"虽然是党的十八大之后才提出的新概念,但事实上,如何根据国内发展需要和国际形势变化,统筹协调国内、国际经济循环,始终是我们党在领导国民经济建设过程中面临的重要课题。新中国成立后,党的第一代中央领导集体把发展对外经济关系置于探索社会主义建设道路的伟大实践中,在建设对外经济关系的过程中遵循"以自力更生为主、争取外援为辅"的原则,坚持把满足国内需求作为生产的首要目的,同时,在极其困难和复杂的局面下,积极拓展对外经济关系,为社会主义建设争取了重要支持。这一时期,我国主要依靠自身力量建立了门类齐全的国民经济体系,在此基础上打造了一个比较畅通的国内经济循环,坚定地走出了一条独立自主的发展道路。同时,有限度地加入了社会主义阵营的平行世界市场,积极创造与世界各国开展经贸合作的条件,尽可能地参与国际经济循环。

改革开放以来,在比较优势的基础上,我国以西方发达国家市场作为主要的贸易目的地,优先发展劳动密集型产业和资源密集型产业,形成"大进大出、两头在外"的外向型经济模式,国际大循环逐渐占据主导地位。针对建设资金不足、技术落后等问题,我国从放松贸易管制入手,将具有比较优势的进出口贸易作为利用两种资源、打开两个市场的重要手段。在此过程中,我国对外开放的主导思路是融入海洋、东向发展,积极加入亚太经济圈,广大中西部地区普遍采取"向东看"的区位发展战略。进入20世纪80年代中后期,这一发展思路对本土产业结构的不利影响开始显现,资源密集型产品过量出口,以"三来一补"为代表的加工工业导致大量劳动密集型产业低端化,出口加工工业过度扩张,同时也引发进口产品结构的扭曲。

对外开放与对内开放是同步进行的,对外开放的过程也是国内区域经济布局调整的过程。当然,这种调整是非均衡发展的。20世纪80年代初,我国率先在东部沿海地区设立了经济特区,并将其作为对外开放的着力点,后又逐步扩展到沿江河内陆地区,通过由点到带、由沿海到内陆的区域空间拓展模式,构建了全方位、多层次的开放格局。具体表现为:1980年成立了深圳、珠海、汕头、厦门4个经济特区,后又相继批准设立天津等14个沿海港口城市和沿海经济开放区,1988年海南全省成为经济特区,1992年成立上海浦东新区。这些对外开放的载体同样成为对内开放的重要"增长极",辐射并带动了广大内陆地区的发展。

党的十四大以来,在明确建立社会主义市场经济体制改革目标的基础上,新一轮对外开放进程随之展开,我国开始进入外向型经济发展格局的调整期。一方面,出口导向战略由以比较优势为基础开始转向以竞争优势为基础。发挥竞争优势的关键在于提升自主创新能力，使技能劳动密集型产业和技术劳动密集型产业取代普通劳动密集型产业，逐渐成为国民经济主导产业。另一方面，中国企业开始"走出去"，注重发挥其在技能劳动力资源方面的优势，积极发展对外承包工程和劳务合作。在对外开放深入发展的反作用下，对内开放进入新阶段，中西部地区作为承接新一轮对外开放的重要区域，有效促进了我国产业梯度分布格局的形成。进入21世纪，随着西部大开发、中部崛起战略的实施，我国对外开放由东部沿海向中西部地区扩展，区域经济由非均衡发展进入协调互补阶段。东、中、西"三大地带"的联动发展，有效推动了我国开放型经济的整体构建，形成了产业梯度分布态势。

党的十八大以来，我国对外开放战略取得新进展，提出了共建"一带一路"倡议、着力建设自贸区和自贸港、积极推动《区域全面经济伙伴关系协定》（Regional Comprehensive Economic Partnership，RCEP）的签署。"丝绸之路经济带"和"21世纪海上丝绸之路"的提出，表明我国对外开放方向发生了深刻转变，从融入环太平洋经济圈转向广袤的亚欧大陆和印度洋周边地区，这也是我国在地缘政治策略和区域经济发展战略上的重大调整。在区域发展方面，制定并实施了粤港澳大湾区、黄河流域生态保护和高质量发展核心示范区等一系列区域协调发展战略。通过政策推动，我国对外开放和对内开放呈现协调发展态势。2020年5月14日，中央政治局会议提出："充分发挥我国超大规模市场优势和内需潜力，构建国内国际双循环相互促进的新发展格局。"①2020 年 7 月 30 日，中央政治局会议再次提出"加快形成以国内大循环为主体、国内国际双循环相互促进的新发展格局"。这是党中央对以往各种内需驱动政策构想和战略规划的全面综合，是在新发展阶段推动我国经济社会持续健康发展的重要遵循。

（二）国内大循环与国际大循环的关系

国内大循环与国际大循环看似是"此消彼长"的对立关系，但实际上，发展国内经济与发展对外经济并不矛盾，二者是相互依存、相互促进、相互影响的辩证统一关系。一方面，国内大循环是国际大循环的基础和前提。实行高水平的对外开放必然要以良好的国内循环为根本。直观来讲，国内有效需求体系的建立能为其他国家提供更加广阔的市场，从而更好地聚合全球要素资源，形成我国参与国际经济合作和竞争的优势。与此同时，强大的国内经济循环体系也是确保国内产业链、供应链稳定可控的重要前提。将出口导向战略转变为内需导向战略，就是将更多更大更好的生产要素投入国内市场，带动我国供给能力提升，设计和制造符合广大人民群众需要的产品和服务，不断创造出新的产品市场，从而使世界经济发展更加依赖我国的供应链和产业链，带动国际经济循环的持续优化。正如习近平总书记在主持召开企业家座谈会时所指出的："在当前保护主义上升、世界经济低迷、全球市场萎缩的外部环境下，我们必须充分发挥国内超大规模市场优势，通过繁荣国内经济、畅通国内大循环为我国经济发展增添动力，

---

① 《中共中央政治局常务委员会召开会议 中共中央总书记习近平主持会议》，《人民日报》2020 年 5 月 15 日。

带动世界经济复苏。"①

另一方面，国际大循环为国内大循环提供动力。首先，我国经济发展建立在社会化大生产的基础之上，因此必然要越出国界，进入世界市场，参加国际分工，同世界上其他国家发生包括商品交换在内的各种经济联系。习近平总书记指出："国际经济联通和交往仍是世界经济发展的客观要求。我国经济持续快速发展的一个重要动力就是对外开放。"②长期以来，投资、出口在拉动我国国民经济增长、促进就业、扩大内需等方面发挥着重要作用。其次，国际大循环具有显著的竞争效应，有助于提高本国产业的国际竞争力。加入国际经济循环，意味着本土企业要面临更大范围和更加激烈的竞争，这必然会倒逼本土企业加大创新力度，提升全要素生产率，开发新的产品市场，进而推动产业结构优化升级，将产业链条中的高附加值环节留在国内。最后，在一些高端产业领域，当前我国仍需依赖发达国家的核心技术，这一现状无法在短时间内得到改变。因此，在加强自主创新的同时，必须主动融入国际经济循环体系，推进跨境产业融合，学习先进技术和管理经验，不断提升自身的供给能力，为推动国内经济循环的优化升级提供有力支撑。

习近平总书记指出："中国的发展离不开世界，世界的繁荣也需要中国。"③身处经济全球化的时代背景下，要想实现国民经济持续、快速、健康发展，国内大循环与国际大循环缺一不可。二者相互影响、相互促进，犹如两个相互咬合的齿轮，共同为我国经济高质量发

---

① 《习近平重要讲话单行本（2020年合订本）》，人民出版社2021年版，第70页。
② 习近平：《论把握新发展阶段、贯彻新发展理念、构建新发展格局》，中央文献出版社2021年版，第375页。
③ 《习近平谈治国理政》第一卷，外文出版社2018年版，第60页。

展和世界经济复苏提供动力。

（三）推动国内国际双循环相互促进

从政治经济学视角来看，国内国际双循环相互促进，就是要以全球化的视野配置劳动力和生产资料，在全球范围内寻找成本洼地、利润高地、资源富地，促进国内国际要素资源有序自由流动、全球高效配置。实现国内国际双循环相互促进，需要把对外开放和对内开放结合起来考虑，把跨境发展和内向发展统筹起来推进。

第一，建设高水平的开放型经济，实施更大范围、更宽领域、更深层次的对外开放。实施更大范围的对外开放，就是要优化对外开放的空间布局，加快形成陆海内外联动、东西双向互济的全面开放新格局。这需要同国家区域协调发展战略有机结合，引导普通劳动密集型产业根据东西部区域发展差距、南北方区域发展差距进行梯度转移，加强分工的广度和深度。实施更宽领域的对外开放，就是既要在对外贸易、投资等传统领域加大开放力度，还要在金融、人才、科技、医疗、教育等领域加强国际合作，加快形成开放的协同效应。实施更深层次的对外开放，就是要推动由商品和要素流动型开放向规则等制度型开放转变，吸收借鉴国际成熟市场经济制度经验和人类文明有益成果，加快国内制度规则与国际接轨，以高水平开放促进深层次市场化改革。

第二，推进创新链与产业链的深度融合，不断提高我国产业在全球价值链上的地位。当前，新一轮科技革命和产业变革正在引发全球经济格局和创新格局的调整重塑。在此背景下，必须发挥新型举国体制优势，致力于实现共性技术、前沿技术、颠覆性技术等关键核心技术的创新，努力实现关键核心技术自主可控。巩固我国在重化工业、装备制造、基础设施建设等技能劳动密集型产业既有优势的同时，也要加快布局战略性新兴产业，鼓励企业高效整合利用全球的知识资本和科技资源，推动产业合作向研发、设计和营销、服务等高端环节延伸，打造优势互补、互利共赢的全球产业链、供应链、价值链。

第三，找准供需对接的空间载体，畅通国际国内双循环的供需对接通道。党的十八大以来，我国逐渐形成了四条衔接内外、对接供需的地理通道。一是"丝绸之路经济带"主干线。这条路线从我国华北和西北地区出发，贯穿黄河中上游地区，经霍尔果斯口岸，进入中亚、西亚、南欧和西欧的亚欧通道，是联通亚欧大陆两大板块的陆路通道。在供需对接上，要进一步加强我国与"丝绸之路经济带"沿线国家的能源合作。这既能发挥我国的技术和人才优势，又能整合沿线国家的能源供给，精准对接沿线国家的基础设施建设需要，实现互利共赢。二是东北亚大循环。在供需对接上，需要以东北三省产业分工体系为出发点，以更为完整的产业链辐射包括俄罗斯、日本、韩国、朝鲜以及蒙古等整个东北亚地区。三是"21世纪海上丝绸之路"主干线。即从北部湾和海南自贸港出发，经马六甲海峡，到达南亚和非洲东海岸。在供需对接上，应注重利用沿线国家丰富的热带物产资源，发挥我国在制造业领域的传统优势，形成多回合的进出口贸易，打造跨国产品价值链。四是亚非"海陆联动"大循环。这条路线位于"丝绸之路经济带"和"21世纪海上丝绸之路"中间，即从新疆喀什出发，经"中巴经济走廊"到达瓜达尔港。在供需对接上，应加强同沿线国家的有色金属产业合作，既有利于我国有色金属开采和冶炼方面的产能输出，又能通过产业链上下游的联动作用，带动沿线国家装备制造、精密仪器等多个产业的发展。

四、建设全国统一大市场

2022年3月25日，中共中央、国务院颁布了《关于加快建设全国统一大市场的意见》（以下简称《意见》）。《意见》提出："加快建立全国统一的市场制度规则，打破地方保护和市场分割，打通制约经济循环的关键堵点，促进商品要素资源在更大范围内畅通流动，加快建设高效规范、公平竞争、充分开放的全国统一大市场，全面推动我国市场由大到强转变，为建设高标准市场体系、构建高水平社会主义市场经济体制提供坚强支撑。"[1]在当前国内国际形势下，建设全国统一大市场是促成新发展格局的重要举措，具有重要的理论和现实意义。

（一）建设全国统一大市场是构建新发展格局的基础支撑

新发展格局的核心是社会再生产的循环畅通，而经济循环本质上是商品交换和价值实现的过程。市场作为商品流通的空间载体，其畅通与否，关系到社会再生产各个环节的有序衔接，关系到国民经济的

---

[1] 《中共中央国务院关于加快建设全国统一大市场的意见》，人民出版社2022年版，第2页。

稳定和发展。

在马克思主义政治经济学看来，社会再生产过程是由生产、分配、交换（流通）和消费四个环节构成的有机体系。其中，流通是社会再生产过程的重要环节，是联结生产及由生产决定的分配和消费的纽带和桥梁。流通的重要性是不言而喻的。从流通与生产的关系来看，流通对生产起反作用，作为配置生产要素的重要枢纽，流通环节的畅通无阻会促进生产的发展，反之，则会使生产环节遭到阻滞。从流通与分配的关系来看，流通是人们经济利益集中实现和再分配的主要领域，流通的方式、规模和结构能够影响分配的结果。从流通与消费的关系来看，流通是消费实现的必要前提，流通能扩大消费的规模。对此，马克思曾指出："以提高和发展生产力为基础来生产剩余价值，……第一，要求在量上扩大现有的消费；第二，要求把现有的消费推广到更大的范围来造成新的需要；第三，要求生产出新的需要，发现和创造出新的使用价值。"[①] 而上述三点，都需要通过流通的扩大才能得以实现。由此可见，推动商品和生产要素在全国各地区之间的自由流动，对于社会化大生产的发展至关重要。

建设全国统一大市场，是推动以国内大循环为主体、国内国际双循环相互促进的新发展格局的题中之义。习近平总书记指出："当今世界，最稀缺的资源是市场。市场资源是我国的巨大优势，必须充分利用和发挥这个优势，不断巩固和增强这个优势，形成构建新发展格局的雄厚支撑。"[②] 以国内大循环为主体，就是要让经济循环更多依托

---

① 《马克思恩格斯全集》第三十卷，人民出版社1995年版，第388页。
② 习近平：《论把握新发展阶段、贯彻新发展理念、构建新发展格局》，中央文献出版社2021年版，第485—486页。

于国内市场实现,而强大的国内统一大市场构成了国内经济良性循环的基本盘。通过建设全国统一大市场,实现商品和生产要素在更大范围内自由有序流动,有利于进一步降低流通成本、提高市场效率、提升供给质量、扩大市场规模、持续释放内需,形成供需有效对接、产销协同并进的良好局面,从而实现国内经济的良性循环。国内国际双循环相互促进,就是要以国内经济的良性循环带动国际经济循环,以国际经济循环为国内经济循环提供强大动力。构建全国统一大市场,并不是仅仅局限在国内经济循环,而是要以国内大循环和统一大市场为支撑,有效利用全球要素和市场资源,使内市场与国际市场更好联通。推动制度型开放,增强在全球产业链供应链创新链中的影响力,提升在国际经济治理中的话语权。

(二)建设全国统一大市场的实践路径

全国统一大市场的核心要义是"统一"。建设全国统一大市场的关键在于处理好政府与市场的关系,打破地方保护和市场分割,打通经济流通的堵点,在更大市场范围内促进商品和要素资源的自由有序流动。建设全国统一大市场是一项系统工程,必须将其提升至全局和战略的高度,坚持系统协同,稳妥推进,做到全国一盘棋。

第一,强化市场基础制度规则统一。基础制度规则的统一是建设全国统一大市场的前提和保障,必须坚持立破并举,从产权保护、市场准入、公平竞争和社会信用四个方面着手,加快清理废除妨碍统一市场和公平竞争的各种规定和做法,形成高效规范、公平竞争、充分开放的全国统一大市场。具体而言,一是要完善统一的产权保护制度，依法平等保护各种所有制经济产权。二是要实行统一的市场准入制度，严格落实"全国一张清单"的管理模式，加强市场准入负面清单制度的统一性建设。三是要维护统一的公平竞争制度，坚持对各类市场主体一视同仁、平等对待，营造良好的市场环境，提高市场运行效率。四是要健全统一的社会信用制度，形成覆盖全面的信用信息网络。

第二，打造全国统一的要素和资源市场。生产要素是开展物质生产活动不可或缺的基本条件。深化要素市场化配置改革，是加快完善社会主义市场经济体制的内在要求。改革开放以来，相较于商品市场，我国要素和资源市场发育相对滞后，市场分割问题仍然较为突出。对此，可以从土地与劳动力市场、资本市场、技术和数据市场、能源市场、生态环境市场五大领域着手，着力破除阻碍生产要素自由有序流动的体制机制障碍。具体而言，一是要健全城乡统一的土地和劳动力市场，促进劳动力跨地区顺畅流动。二是要加快发展统一的资本市场，为资本设置"红绿灯"，防止资本无序扩张。三是要加快培育统一的技术和数据市场，不断挖掘新的经济增长点。四是要建设全国统一的能源市场，为经济社会发展提供坚强能源动力保障。五是要培育发展全国统一的生态环境市场，促进绿色生产和绿色消费。

第三，坚持以供给侧结构性改革为主线，注重加强需求侧管理。供给与需求是市场经济内在关系的两个基本方面，提高有效供给能力、形成完整内需体系，是全面推动我国市场由大到强转变的重要内容。一方面，要以高质量供给创造和引领需求，着力提高供给体系质量和效率，扩大有效和中高端供给，使供给体系更好适应需求结构变化，从而为经济持续增长提供强劲动力。为此，必须深入推进去产能、去库存、去杠杆、降成本、补短板五大任务，坚持创新驱动发展，健全现代产业体系，做长做强做优产业链，提高全要素生产率，着力振兴实体经济，防止"脱实向虚"。另一方面，要有效挖掘内需潜力，既要善于运用宏观调控和短期政策扩大需求，对抗经济下行压力，又要系统实施包括分配制度、土地制度、住宅制度、社会保障等多方面的综合改革，建立起扩大内需的有效制度。顺应新型消费发展态势，加快发展网络零售、"互联网+医疗健康"、在线教育等消费的新模式新业态，不断创造消费新增长点，激发消费活力和内需潜能。

本讲小结

当前，我国经济进入新发展阶段，国内外环境的深刻变化既带来一系列新机遇，也带来一系列新挑战。构建以国内大循环为主体、国内国际双循环相互促进的新发展格局，就是要在危中寻机、化危为机，在百年未有之大变局中开创新局。这是长期的战略性选择而非短期的战术性选择，事关全局，谋划长远，必须从长期性、全局性、系统性、深层次的角度加以认识。

第七讲
推动经济高质量发展

党的十九大报告指出，"我国经济已由高速增长阶段转向高质量发展阶段，正处在转变发展方式、优化经济结构、转换增长动力的攻关期"[①]。这是根据我国发展阶段、发展环境、发展条件变化作出的科学判断，既指明了新时代我国经济发展的根本特征，也构成了当前和今后一个时期确定发展思路、制定经济政策、实施宏观调控的根本要求。

一、牢牢把握高质量发展这个首要任务

（一）从高速增长阶段转向高质量发展阶段的依据

推动高质量发展，是保持经济持续健康发展的必然要求，是适应我国社会主要矛盾变化和全面建成小康社会、全面建设社会主义现代化国家的必然要求，是遵循经济规律发展的必然要求。深刻认识我国经济从高速增长阶段转向高质量发展阶段的必然性和现实依据，对于

---

① 中共中央党史和文献研究院编：《十九大以来重要文献选编》（上），中央文献出版社2019年版，第21页。

理解和推动高质量发展具有重要意义。

第一，高质量发展是我国保持经济持续健康发展的必然要求。改革开放以来，我国通过大力发展劳动密集型产业和资源密集型产业实现了经济的高速增长。但与此同时，这种粗放型经济增长方式引发的结构性矛盾日益凸显，主要表现为：城乡区域发展差距拉大、收入分配差距凸显、居民消费动力不足、资源环境约束收紧，等等。这些问题严重制约着我国经济的持续健康发展。近年来，随着我国劳动力成本上升，传统要素对经济增长的驱动力逐渐下降，传统粗放型的经济增长方式难以为继，改变发展思路和发展模式势在必行。与此同时，世界新一轮科技革命和产业变革方兴未艾，我们只有推动高质量发展，不断提高本国的供给能力和供给水平，提供更多优质产品和服务，才能使供给和需求在新的水平上实现均衡，我国经济才能持续健康发展。

第二，高质量发展是适应社会主要矛盾转化和全面建成小康社会、全面建设社会主义现代化国家的必然要求。中国特色社会主义进入新时代，中国社会主要矛盾已经转化为人民日益增长的美好生活需要和不平衡不充分的发展之间的矛盾。实际上，发展的不平衡和不充分正是发展质量不高的表现，这不仅严重制约着我国经济社会的健康发展，同时也一定程度上偏离了社会主义生产目的。不同于资本主义将剩余价值最大化作为生产目的，满足人民群众需要是社会主义生产目的的重要方面。随着社会生产力水平的提升，人民对美好生活的期待也日益提高。对此，习近平总书记指出："以前我们要解决'有没有'的问题，现在则要解决'好不好'的问题。"[1]适应社会主要矛盾

---

[1] 《习近平谈治国理政》第三卷，外文出版社2020年版，第133页。

的转化,必须走出一条质量更高、效益更好、结构更优、优势充分释放的发展新路,从而更好满足广大人民群众在经济、政治、文化、社会、生态文明等方面日益增长的需要,更好促进人民的全面发展,逐步实现共同富裕。

第三,高质量发展是遵循经济发展规律的必然要求。高质量发展阶段是数量增长到一定阶段的客观结果。近十年来,我国经济增速持续下降,从8%甚至更高的年增长率下降到5%—7%的中高速增长率。经济增速放缓的内在实质是经济体系内部结构的深刻调整,这既是经济增长态势的自发性变化,也是经济政策主动调整的结果。综观现代国家经济发展的趋势,在发展到一定阶段后,潜在增长率的自然回落是一个普遍现象。从辩证唯物主义来看,事物发展是质变和量变的统一、连续性和阶段性的统一,在量积累到一定程度之后,必须实现从量变到质变的转化,才能推动事物的根本性质发生变化。20世纪60年代以来,全球100多个中等收入经济体中只有十几个成功进入高收入经济体。那些取得成功的国家,就是在经历高速增长阶段后实现了经济发展从量的扩张转向质的提高。那些徘徊不前甚至倒退的国家,就是没有实现这种根本性转变。从这个意义上讲,我国经济由高速增长转向中高速增长符合发展的一般规律,推动经济高质量发展是顺应经济发展规律作出的主动调整。

(二)深入理解高质量发展的内涵和要求

高质量发展是新时代我国经济发展的显著特征。推动经济高质量发展,首先要厘清高质量发展的内涵。习近平总书记指出:"高质量发展，就是能够很好满足人民日益增长的美好生活需要的发展，是体现新发展理念的发展，是创新成为第一动力、协调成为内生特点、绿色成为普遍形态、开放成为必由之路、共享成为根本目的的发展。"[1] 这一论述表明：抽象的"新发展理念"具体化为"推动经济高质量发展"的实践，换言之，经济高质量发展作为一种实践上的行动，集中体现了五大理念"合五为一"的意蕴。

高质量发展是关于经济社会发展的总体要求，是一个内涵丰富的多维度概念。在经济领域，高质量发展代表生产要素投入低、资源配置效率高、资源环境成本低、经济社会效益好的经济发展状态，涵盖了高质量的供给、高质量的需求、高质量的投入产出、高质量的宏观经济循环等多方面要求。推动经济高质量发展，就是从"有没有"转向"好不好"，就是从侧重数量转向质量和数量并重，就是从追求增长转向追求发展。具体而言，第一，从供给看，高质量发展应该实现产业体系比较完整，生产组织方式网络化智能化，创新力、需求捕捉力、品牌影响力、核心竞争力强，产品和服务质量高。第二，从需求看，高质量发展应该不断满足人民群众个性化、多样化、不断升级的需求，这种需求又引领供给体系和结构的变化，供给变革又不断催生新的需求。第三，从投入产出看，高质量发展应该不断提高劳动效率、资本效率、土地效率、资源效率、环境效率，不断提升科技进步贡献率，不断提高全要素生产率。第四，从分配看，高质量发展应该实现投资有回报、企业有利润、员工有收入、政府有税收，并且充分反映各自按市场评价的贡献。第五，从宏观经济循环看，高质量发展

---

[1] 《习近平谈治国理政》第三卷，外文出版社2020年版，第238页。

应该实现生产、流通、分配、消费循环通畅，国民经济重大比例关系和空间布局比较合理，经济发展比较平稳，不出现大的起落。①

在政治经济学看来，高质量发展内含着生产力和生产关系两个方面的要求。一方面，生产力是推动人类社会向前发展的最终决定性因素，社会生产力的发展状况决定着人们之间的生产关系和其他社会关系。因此，高质量发展首先要求生产力水平的提高，这种提高是"质"和"量"两个方面的提高。高质量发展不是只要质量不要数量，而是要在数量合理增长的同时实现质量提高。因此，高质量发展要求将创新作为引领发展的第一动力，切换经济发展动能，不断提高经济活力和竞争力，依靠更少的物质资源消耗推动生产力更有效率、更高水平的发展。另一方面，生产关系对生产力起反作用。经济高质量发展既要求将"蛋糕"做大做好，又要求把"蛋糕"分好。坚持并完善社会主义基本经济制度，通过经济高质量发展不断满足人民的需要，激发广大人民群众建设社会主义的积极性、主动性和创造性，这不仅为经济高质量发展奠定了坚实的制度基础，同时也体现了"以人民为中心"的根本要求，保证社会主义生产力发展始终贴合社会主义生产目的规定的方向。

（三）以高质量发展凝聚社会主义经济发展动力

推动经济高质量发展的过程，同时也是凝聚经济发展动力的过程。具体而言，可以从以下四个层面提炼社会主义经济发展的动力源泉。

---

① 参见《习近平谈治国理政》第三卷，外文出版社2020年版，第238—239页。

第七讲　推动经济高质量发展

第一，以产业结构调整作为动力，处理好劳动力和生产资料在产业之间的配置问题。首先，要调整劳动密集型产业与其他类型产业的关系。劳动密集型产业是我国改革开放以来取得巨大发展成就的产业，其依靠相对低廉的劳动力成本，使我国初步形成了出口导向型的产业结构。与此同时，技术密集型、资本密集型产业也取得了长足发展。要正确处理好劳动密集型产业与其他类型产业的关系，提升劳动密集型产业的技术含量和投资水平，提升附加值，但也要重视劳动密集型产业的就业带动作用，避免过度强调技术含量而对地方就业和社会稳定造成不利影响。其次，要调整传统产业和信息技术产业之间的关系。传统产业特别是制造业是我国经济发展的重要支撑，要利用信息技术改造传统产业，提高传统产业的技术水平和竞争实力。与此同时，还要重视保持传统制造业的竞争优势，准确认识制造环节与研发、设计、品牌、渠道等增值环节的关系，促进制造业和信息技术产业之间形成协同合力。最后，要调整物质资料生产部门和服务业之间的关系。马克思主义政治经济学认为，物质资料生产部门是唯一创造价值的部门，服务业的主要功能是实现价值。在现代社会，由于物质资料生产部门的劳动生产率迅速提高，大量劳动力进入服务业，带动了各类三产部门的快速发展，应在充分重视服务业在国民经济中的重要地位的基础上，增强物质资料生产部门的支柱性作用，推动三次产业的协调发展。

第二，以城乡关系统筹作为动力，处理好劳动力和生产资料在城乡之间的配置问题。改革开放以来，随着我国城市化进程的不断深入，城市和农村之间形成了一个非对称的经济结构，大量劳动力和生产资料（主要是农业提供的原材料）源源不断地进入城市，为城市的工业化发展提供了重要的要素支撑。但是，城市工业产出的制成品特别是中高端制成品并没有流入农村，高质量劳动力回流农村的比例也比较低。这种非对称的经济结构使城乡差距不断拉大。为此，要以城乡关系统筹作为动力，处理好劳动力和生产资料在城乡之间的配置问题。乡村振兴的关键在产业振兴，要以农村劳动力和生产资料的特有结合为切入点，着力弥补城市大工业生产的缺陷。城市大工业生产以标准化的劳动力和生产资料组合搭配为特点，提供批量化的工业产品，而农村可以利用风格各异的地理环境和自然资源，与当地劳动力相结合，打造农业和服务业相结合的新生产方式，这种生产方式所提供的特色农产品、特色旅游康养、特色运动休闲、特色教育培训，都将为乡村振兴和精准扶贫提供新的经济增长点。

第三，以区域协调发展作为动力，处理好劳动力和生产资料在区域之间的配置问题。区域是劳动力和生产资料相结合的空间载体，各种生产要素在不同区域的分布构成了差异化的区域经济布局。推动区域协调发展，一方面，要求处理好区域之间的战略分工。党的十八大以来，我国先后实施了京津冀协同发展、长江经济带、长三角一体化、粤港澳大湾区、东北全面振兴、黄河流域生态保护和高质量发展核心示范区等多项区域发展战略。这些区域发展战略是在改革开放以来，特别是21世纪以来，我国区域分工不断深化的基础上形成的，例如，京津冀协同发展战略的主要目标是建设具有中国特色的产业新城、政治中心和社会发展样板，北京的非首都功能疏解、雄安新区建设、滨海新区再出发等都体现了新一轮的区域发展思路。另一方面，引导劳动力和生产资料的合理有序流动，还要求处理好城市群、都市圈中的中心城市与非中心城市之间的关系。近年来，全国各地涌现出大量城市群、都市圈，地方政府也在着力助推新的区域增长极和带动点。城市群、都市圈既可以聚集大量劳动力和生产资料，发挥辐射带动周边地区的作用，但也有可能过度抽取周边中小城市的资源，造成畸高的集中度、首位度。因此，必须引导劳动力和生产资料在城市群、都市圈及其周边地区合理分布。

第四，以合理有序开放为动力，处理好劳动力和生产资料在国内和国外的配置问题。加强对外经济交流，进一步扩大对外开放，从本质上来看是要求实现劳动力和生产资料在国内和国外的合理配置。改革开放以来，我国利用劳动力和原材料的比较优势，发展起典型的出口导向型经济模式，取得了巨大的经济发展成就，对外贸易和外汇储备规模跃居世界前列。但是面对贸易保护主义和逆全球化浪潮的重新抬头，继续实施以低附加值、低利润为特点的劳动密集型出口导向战略，显然无法有效提高我国在国际市场上的综合竞争力。从劳动力和生产资料搭配组合的角度来看，一方面，要在世界范围内吸引高端技术人才和知识团队进入新兴产业，并积极鼓励掌握一定专业技能的熟练劳动力走出国门。另一方面，要站在国家安全的角度，审慎处理生产资料特别是重要国家战略资源的流出，积极开拓大宗原材料和重要工业能源的进口来源，为我国经济高质量发展提供可持续的资源和能源保障。

二、实施供给侧结构性改革

2017年12月,中央经济工作会议围绕"推动高质量发展"部署8项重点工作,其中第一项就是"深化供给侧结构性改革"。党中央提出推进供给侧结构性改革,是在综合分析世界经济长周期和我国经济发展新常态的基础上,对我国经济发展思路和工作着力点的重大调整,是化解我国经济发展面临困难和矛盾的重大举措,也是培育增长新动力、形成先发新优势、实现创新引领发展的必然要求和选择。

(一)供给侧结构性改革是推动经济高质量发展的关键

物质资料的生产是人类社会存在和发展的基础。人类要生存和发展,就必须使生产活动持续不间断地进行下去。在马克思主义政治经济学看来,社会再生产由生产、分配、交换、消费四个环节构成。其中,生产是整个再生产过程的起点,是经济活动链条中的决定性环节,生产决定着交换、分配和消费。马克思指出:"一个社会不能停止消费,同样,它也不能停止生产。"[①]生产对消费的决定性作用主要体现在三个方面。第一,生产决定消费的对象。生产通过提供具有特定使用价值的商品或服务,满足主体的消费需求。第二,生产决定消

---

① 《马克思恩格斯文集》第五卷,人民出版社2009年版,第653页。

费的方式。生产不仅创造消费对象，而且生产消费工具，从而决定消费方式。当新型消费工具被不断生产出来时，人们的消费方式也随之而变化。第三，生产引起新的消费需要。消费需要不会在某种产品还没有被生产出来时就产生，只有发展生产，才能不断引发新的需要，形成消费动力。

供给和需求是国民经济中两个紧密联系的方面。供给是商品或服务的生产，需求是商品或服务的消费，供给与消费的关系实际上就是生产与消费的关系。生产在社会再生产过程中起决定作用，因此，供给构成了国民经济发展水平的决定性因素。也就是说，长期的国民经济发展能够达到的水平取决于供给的潜在水平。正如习近平总书记所指出的："从国际经验看，一个国家发展从根本上要靠供给侧推动。一次次科技和产业革命，带来一次次生产力提升，创造着难以想象的供给能力。当今时代，社会化大生产的突出特点，就是供给侧一旦实现了成功的颠覆性创新，市场就会以波澜壮阔的交易生成进行回应。"[1]

推进供给侧结构性改革，就是要通过实现更高水平的供需平衡推动经济高质量发展，这也是当前国内外经济形势下化解风险和矛盾的必然选择。从国内来看，我国经济发展面临"四降一升"，即经济增速下降、工业品价格下降、实体企业盈利下降、财政收入下降、经济风险发生概率上升。这些问题的主要矛盾不是周期性的，而是结构性的，矛盾的主要方面在供给侧。从我国供给体系来看，现有问题主要是中低端产品过剩、高端产品供给不足、传统产业产能过剩以及有效

---

[1] 中共中央文献研究室编：《习近平关于社会主义经济建设论述摘编》，中央文献出版社2017年版，第101—102页。

供给不足等。以钢铁行业为例,我国钢材产销率长期低于100%(见图7-1),产量长期高于销量导致大量库存积压,行业存在严重产能过剩。此外,我国房地产开发投资增长率在多数年份都高于全社会固定资产投资增长率(见图7-2),房地产和实体经济失衡也是供给侧结构性矛盾的集中表现。当前,供需结构错配问题已经成为制约我国经济高质量发展的一大障碍。

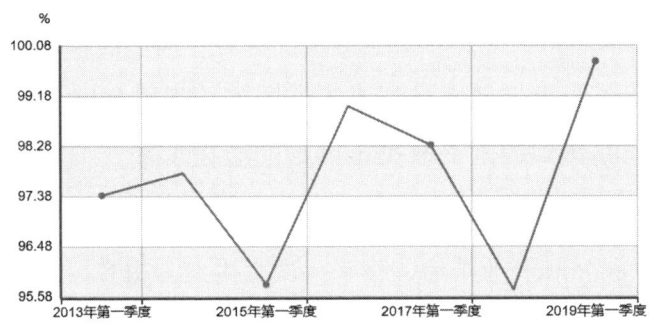

图7-1 我国钢材产销率累计值

资料来源:国家统计局官网。

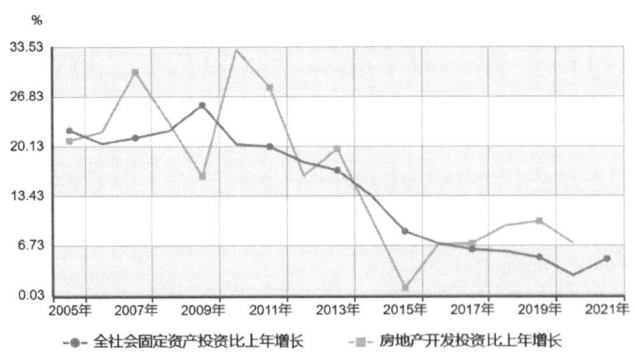

图7-2 我国全社会固定资产投资增长率与房地产开发投资增长率

资料来源:国家统计局官网。

因此，我们必须抓住主要矛盾和矛盾的主要方面，从生产端和供给侧入手，把改善供给结构作为主攻方向，以供给侧结构性改革为主线引领经济的高质量发展。从国际上来看，当前世界经济复苏乏力，国际市场有效需求急剧萎缩，传统产业和增长动力不断衰减，新兴产业体量和增长动能尚未积聚。尽管美国、欧洲、日本等几大经济体推出多轮量化宽松货币政策，但世界经济尚未从国际金融危机阴影中走出来。在此背景下，我们需要对症下药，从供给侧发力，找准我们在世界供给市场上的定位。

（二）如何理解供给侧结构性改革

推进供给侧结构性改革是当前和今后一个时期经济发展和经济工作的主线。推进供给侧结构性改革是否意味着抛弃需求侧管理？供给侧结构性改革主要解决什么问题？我国提出的供给侧结构性改革与西方供给学派有何区别？回答清楚上述问题，有利于形成关于供给侧结构性改革的正确认识，从而在实践中以科学的思路指导供给侧结构性改革的推进。

第一，从改革的侧重点来看，供给侧结构性改革强调供给，同时也关注需求。供给侧和需求侧是管理和调控宏观经济的两个基本手段。供给侧管理，重在解决结构性问题，注重激发经济增长动力，主要通过优化要素配置和调整生产结构来提高供给体系质量和效率，进而推动经济增长。当前，矛盾的主要方面在供给侧，因此宏观经济管理方法以供给侧管理为主。但是，这并不意味着要用供给侧管理来否定需求侧管理，而是要从供给侧和需求侧两端发力，让供给和需求在更高水平上实现平衡。第二,从改革的任务来看,供给侧结构性改革就是要解决结构性问题,就是要去产能、去库存、去杠杆、降成本、补短板。2016年1月,习近平总书记在省部级主要领导干部学习贯彻党的十八届五中全会精神专题研讨班上的讲话中指出:"'结构性'三个字十分重要,简称'供给侧改革'也可以,但不能忘了'结构性'三个字。供给侧结构性改革,重点是解放和发展社会生产力,用改革的办法推进结构调整,减少无效和低端供给,扩大有效和中高端供给,增强供给结构对需求变化的适应性和灵活性,提高全要素生产率。"① 第三,从改革的目的来看,供给侧结构性改革从根本上讲是要提高社会生产力水平,为满足人民日益增长的美好生活需要筑牢物质基础,进而实现社会主义生产目的。

需要强调的是,我们提出的供给侧结构性改革与西方供给学派的主张有本质区别。西方供给学派是新自由主义经济学的分支流派,兴起于20世纪70年代。当时西方世界处于失业与通货膨胀并存的滞胀时期,凯恩斯主义陷入失灵,狂热鼓吹"市场化、私有化、自由化"的新自由主义经济学对凯恩斯主义展开了猛烈抨击。在理论主张上,供给学派认同19世纪初由法国经济学家萨伊提出的"供给自动创造需求"这一著名论断,认为需求会自动适应供给的变化,因此应着重从供给方面考察经济状况。在政策主张上,供给学派倡导大幅减税,以刺激个人储蓄和企业投资,从而促进经济增长,抑制通货膨胀。这就是供给学派代表人物拉弗提出的"拉弗曲线"。不难看出,西方供给学派的观点走向极端,仅重视供给而忽视需求,仅重视市场功能而

---

① 中共中央文献研究室编:《习近平关于社会主义经济建设论述摘编》,中央文献出版社2017年版,第98页。

忽视政府职能，仅看重短期而忽视长远。对此，习近平总书记明确指出："我们讲的供给侧结构性改革，既强调供给又关注需求，既突出发展社会生产力又注重完善生产关系，既发挥市场在资源配置中的决定性作用又更好发挥政府作用，既着眼当前又立足长远。"①我国的供给侧结构性改革与西方供给学派在理论基础、制度基础、经济背景、政策侧重点等诸多方面都存在差异，必须充分认识到西方供给学派的新自由主义实质，明确我国供给侧结构性改革"以人民为中心"的根本立场，避免将二者混为一谈。

（三）如何推进供给侧结构性改革

2016年5月，习近平总书记在中央财经领导小组第十三次会议上的讲话中提出了推进供给侧结构性改革的三个基本要求：其一，根本目的是提高供给质量满足需要，使供给能力更好满足人民日益增长的物质文化需要，这是坚持以人民为中心发展思想的必然要求。其二，主攻方向是减少无效供给、扩大有效供给，提高供给结构对需求结构的适应性。其三，本质属性是深化改革。②实际上，这已经基本勾勒出推进供给侧结构性改革的基本思路：提质量、调结构、抓改革。在实践中，应当从这三个层面着手推进供给侧结构性改革，实现经济的高质量发展。

第一，坚持创新驱动发展，使经济发展方式从要素驱动、投资驱

---

① 中共中央文献研究室编：《习近平关于社会主义经济建设论述摘编》，中央文献出版社2017年版，第98页。
② 中共中央文献研究室编：《习近平关于社会主义经济建设论述摘编》，中央文献出版社2017年版，第105—106页。

动转向创新驱动，提高供给体系的质量与效率。当前，我国供给体系总体水平不高，制造业大而不强，关键核心技术与高端装备对外依存度高。对此，必须依靠创新驱动发展，培育供给新优势。其一，针对供给体系的缺环问题，要发挥新型举国体制优势，加大研发力度，通过协同攻关解决发展中"卡脖子"问题，补齐供给体系的能力短板，实现"从无到有"的转变。其二，针对部分产品和服务质量不高的问题，必须加快转变经济发展方式，全面提升经济发展的科技含量，不断提高现有产品和服务的质量，实现"从有到优"的转变。其三，针对供给体系的核心竞争力问题，必须大力提高制造业的自主创新能力，以"互联网+"推动信息化与工业化深度融合，推动制造业加速向数字化、网络化、智能化发展，不断向全球价值链高端攀升，实现"从优到强"的转变。

第二，优化现有供给结构，提高供给结构对需求变化的适应性和灵活性。"调结构"的核心要义就在于减少无效供给，扩大有效供给，这要求处理好"减法"和"加法"的关系。一是要做好"减法"，加大力度治理过剩产能。一方面要破除无效供给，加快淘汰"僵尸企业"，提高资源利用效率；另一方面要积极主动创造外需，加快中国产业资本"走出去"步伐。二是要做好"加法"，为经济增长培育新动力。推动产业转型升级，发展中高端产业，大力培育发展新产业和新业态，提供新的产品和服务，创造新的供给，以此来创造新的需求。需要强调的是，分析结构失衡不能回避所有制结构的失衡。改革开放以来，非公有制经济在所有制结构中所占比重越来越大，资本逐利的盲目性是造成目前社会收入分配差距拉大、产业结构失衡、产能过剩的主因。因此，"调结构"必须体现社会主义生产关系的要求，调整所有制结构的失衡状态，坚持并加强公有制的主体地位，才有可能科学地调整好经济结构，才能保证国民经济沿着社会主义方向持续健康发展。

第三，全面深化改革，破除制约要素配置的体制机制障碍。习近平总书记曾指出："供给侧结构性矛盾的原因是要素配置扭曲，是体制机制障碍。"[1]供给侧结构性改革的本质属性是深化改革。具体而言，一是要深化行政体制改革。着力转变政府职能，加大简政放权力度，坚持放管结合、优化服务，让市场在资源配置中发挥决定性作用，提高资源配置效率。二是要深化国有企业改革。完善各类国有资产管理体制，发展混合所有制经济，探索多种形式的员工持股制度，提高国有企业和国有资本的运营效率，不断增强国有经济的竞争力、创新力、控制力、影响力和抗风险能力，发挥国有企业在供给侧结构性改革中的带动作用。三是要深化财税、金融、分配等各个领域的基础性改革，充分调动各类经济主体的积极性，为推进供给侧结构性改革营造良好的制度环境。

三、加强需求侧管理

"需求侧"是相对于"供给侧"而言的，需求侧管理与供给侧管理共同构成经济发展的"一体两面"。需求侧管理不同于单纯的需求

---

[1] 中共中央文献研究室编：《习近平关于社会主义经济建设论述摘编》，中央文献出版社2017年版，第106页。

刺激和需求扩张，而是要与供给侧结构性改革配合起来，共同推动经济高质量发展，实现供需两端的动态平衡。

（一）加强需求侧管理对于推动经济高质量发展的重要意义

消费是现代化经济体系中的重要一环，生产活动从根本上是要以满足消费需求作为目的的。马克思主义政治经济学是从物质资料生产活动出发展开分析的，生产力、生产关系这些范畴构成了马克思主义政治经济学的核心分析范式，但是，这并不意味着马克思主义政治经济学只研究生产而忽视消费。换言之，马克思主义政治经济学中的"生产"应当作广义的理解。也就是说，一方面，这里的生产同时也就是生产资料的"消费"，"他们把直接与消费同一的生产，直接与生产合一的消费，称做生产的消费"[①]。另一方面，物质资料的再生产活动同时也就是劳动者把自己的劳动力再生产出来的过程，而劳动力再生产需要通过劳动者的各种消费活动来完成。"个人在生产过程中发展自己的能力，也在生产行为中支出、消耗这种能力，这同自然的生殖是生命力的一种消费完全一样。"[②] 从这个意义上来说，生产和消费分别是一个完整的经济活动链条的起点和终点，而起点和终点本身又是首尾相连、融为一体的。

在劳动力成为商品的资本主义生产方式中，劳动力再生产的费用包括劳动者个人消费的生活资料支出、劳动者家庭消费的生活资料支出以及劳动者用于教育培训的费用支出，这些都被纳入了消费需求的

---

① 《马克思恩格斯文集》第八卷，人民出版社2009年版，第14页。
② 《马克思恩格斯文集》第八卷，人民出版社2009年版，第14页。

范畴。但是,在资本主义生产方式中,劳动者的消费需求是服从于物质资料生产活动,也是服从于资本追逐利润的生产动机的。工人的劳动力再生产活动被限制在满足资本再生产的限度内,劳动者的消费活动只是为了把劳动力再生产出来,以便于再次出卖给资本所有者。只有在建立起生产资料公有制的社会主义社会,消费的目的与生产目的才取得一致性,都是服务于社会全体成员的自由全面发展。

在长期,国民经济发展能够达到的水平取决于供给的潜在水平。而在短期,需求决定了国民经济增长的速度,同时也使得经济发展呈现出周期性的波动状态。近年来,受到国际国内经济形势变化的影响,市场和资源两头在外的国际大循环动能明显减弱,我国经济发展更多依托于国内大循环,扩大内需成为推动经济高质量发展和构建新发展格局的重要支撑。新冠疫情暴发后,受到居民收入增长放缓和未来预期的影响,我国需求侧相较于供给侧而言恢复相对缓慢,2020年最终消费支出拉动国内生产总值下降0.5个百分点,加强需求侧管理的重要性和紧迫性已经愈发凸显。对此,党和国家从需求与供给的内在联系出发,提出要协同推动供给侧结构性改革和需求侧管理。党的十九届五中全会阐释了供给侧结构性改革与总需求管理的辩证关系:"坚持扩大内需这个战略基点,加快培育完整内需体系,把实施扩大内需战略同深化供给侧结构性改革有机结合起来,以创新驱动、高质量供给引领和创造新需求。要畅通国内大循环,促进国内国际双循环,全面促进消费,拓展投资空间。"①

---

① 《中国共产党第十九届中央委员会第五次全体会议公报》,人民出版社2020年版,第13—14页。

（二）加强需求侧管理的重点和方向

需求通常指人们在支付能力范围内对商品和服务的有效需求，即指有购买力的需求。我们常说的消费、投资和出口"三驾马车"构成了国民经济"需求"的主要方面。其中，消费需求占据了最大的比重份额。数据显示：我国最终消费（包括居民消费和政府消费）占国内生产总值的比重，已经长期保持在55%左右的水平。最终消费支出对国内生产总值增长贡献率从2012年的55.4%上升到2021年的65.4%，远远超过投资和净出口（见图7-3）。满足国民经济中的消费需求特别是国内消费需求，已经成为推动国民经济发展的主动力。

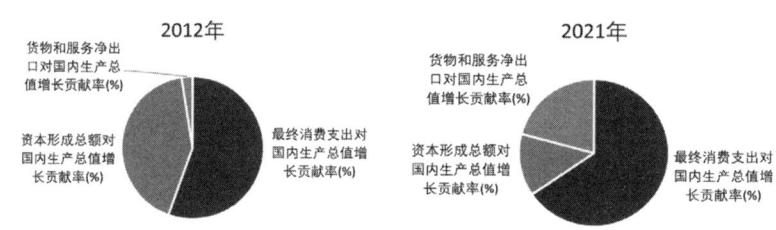

图7-3 2012、2021年三大需求对国内生产总值增长的贡献率

资料来源：国家统计局官网。

同为管理和调控宏观经济的基本手段，供给侧管理重在解决结构性问题，需求侧管理则重在解决总量性问题，注重短期调控，主要是通过调节税收、财政支出、货币供应量等来刺激或抑制需求，进而推动经济增长。相较于供给侧管理，需求侧管理更具灵活性与时效性。当前，我们提出加强需求侧管理，旨在培育强大的国内市场，以需求

牵引供给，实现供需两端的动态平衡，为构建新发展格局提供内在支撑。因此，不同于以往主要通过短期政策刺激需求的传统管理办法，现阶段加强需求侧管理，必须坚持系统思维和全局观念，正确处理好供给与需求、长期与短期、国内市场与国际市场的关系。

在实践领域，可以从以下三个层面着手加强需求侧管理。

第一，激发消费活力和内需潜能，加快培育完整内需体系，建设强大国内市场。一方面，扩大内需最根本的是要稳就业、增收入，改善居民消费预期。对此，要在保障现有就业岗位的同时，扩大市场化就业服务供给，拓宽灵活就业渠道，增加劳动者的收入来源。深化收入分配制度改革，构建初次分配、再分配、三次分配协调配合的制度安排，优化收入分配结构，扩大中等收入群体规模，持续释放消费潜力。另一方面，在推进供给侧结构性改革的同时，也要在需求侧持续发力，加快培育完整内需体系。一是要改善消费环境，开拓发展健康、文化、旅游、体育等服务消费和公共事业消费，满足人民日益增长的美好生活需要。二是要顺应新型消费发展态势，注重培育新型消费，加快发展网络零售、"互联网+医疗健康"、在线教育等消费的新模式新业态，不断创造消费新增长点。三是要发挥短期政策和长期制度建设的协同效应，既要善于运用宏观调控和短期政策扩大需求，又要系统实施包括土地制度、住宅制度、社会保障等多方面的综合改革，建立起扩大内需的有效制度。

第二，拓展投资空间，优化投资结构，发挥投资需求对供给结构优化的作用。投资是推动经济增长的重要动力。改革开放后很长一段时间内，我国经济增长主要是依靠投资拉动。对于供给侧而言，合理扩大投资能够起到补短板、调结构的重要作用。对于需求侧而言，优化投资结构有利于满足人民日益多元化的美好生活需要。要重视提高投资效益,优化投资结构,将投资重点聚焦于关系国计民生的重要领域和新兴战略产业,引导金融更好满足实体经济融资需求。深化投资体制机制改革,建立完善企业自主决策、融资渠道畅通,职能转变到位、政府行为规范,宏观调控有效、法治保障健全的新型投融资体制,充分激发社会投资动力和活力,实现投资增长速度和质量的统一,实现投资增长与消费增长的动态协调,发挥投资对稳增长、调结构、惠民生的关键作用。

第三,巩固出口竞争优势,坚定不移推动更高水平的对外开放。在国际大循环动能减弱的背景下,我国经济转向以国内大循环为主体是必然选择。但需要强调的是,以国内大循环为主体,绝不是关起门来封闭运行。在新发展格局下加强需求侧管理,不是只要国内市场不要国际市场,而是要在培育强大国内市场的同时,厚植我国原本的出口竞争优势,将扩大内需与扩大外需有机结合。要积极推动"一带一路"建设,加强区域经济合作,加快自贸区和自贸港建设步伐。在巩固原有海外市场的同时,瞄准国际需求前沿,积极拓宽新的海外市场,以国内大循环带动国际大循环,强化消费、投资和出口的联动效应。

本讲小结

高质量发展就是体现新发展理念的发展,是经济发展从"有没有"转向"好不好"。高质量发展是"十四五"乃至更长时期内我国经济社会发展的主题,关系我国社会主义现代化建设全局。准确理解、把握和践行高质量发展,已成为我国经济发展一个重要的理论命题和现实任务。推动经济高质量发展,要求把供给侧结构性改革和需求侧管理结合起来,在短期对国民经济进行需求侧总量管理,熨平经济激烈波动,在长期对国民经济进行供给侧结构性改革,改善产品和服务质量,使供给和需求达成更高水平的动态均衡,更好满足人民日益增长的美好生活需要。

第八讲
扎实推进乡村振兴战略

乡村是具有自然、经济、社会特征的地域综合体，兼具生产、生活、生态、文化等多重功能，乡村与城镇共生共存、互动演进，共同构成了人类活动的主要空间。马克思主义认为，城乡对立是现代资本主义发展的结果，社会主义社会及未来的共产主义社会将最终消灭城乡分工，实现城乡一体化发展。改革开放以来，我国农村建设取得了巨大成就，但同时，也出现了农村产业发展动力缺失、城乡居民收入差距拉大、农村基础设施建设滞后等多方面问题。党的十八大以来，党中央相继实施精准扶贫和乡村振兴战略，把农村建设作为消灭绝对贫困的重要抓手。党的十九大报告指出："农业农村农民问题是关系国计民生的根本性问题，必须始终把解决好'三农'问题作为全党工作重中之重。"[①]在政治经济学看来，城乡协调发展的本质是促进劳动力和生产资料等资源在城乡之间合理流动、科学组合、高效搭配，进而实现城乡良性互动的发展格局。

---

① 《习近平谈治国理政》第三卷，外文出版社2020年版，第25页。

一、着力开展精准扶贫工作

党的十八大以来，党中央从全面建成小康社会要求出发，把扶贫工作纳入"五位一体"总体布局、"四个全面"战略布局，作为实现第一个百年奋斗目标的重点任务，作出一系列重大部署和安排，全面打响脱贫攻坚战。脱贫攻坚力度之大、规模之广、影响之深，前所未有，取得了决定性进展，显著改善了贫困地区和贫困群众生产生活条件，谱写了人类反贫困历史新篇章。

（一）我国城乡发展差距拉大的原因溯源

改革开放以来，我国城乡发展差距呈现出波动变化趋势。1978年党的十一届三中全会以来，农村率先开展家庭联产承包责任制改革，土地所有权和使用权的分置极大地调动了农民的生产积极性，农业经济发展迅速。因此，在改革开放之初的这段时间，城乡发展差距有所减小。1984年党的十二届三中全会颁布了《中共中央关于经济体制改革的决定》，作出了我国经济是"有计划的商品经济"这一重要判断，揭开了城市改革和工业化快速发展的序幕。在这之后，伴随户籍制度和人口流动政策的松动，大量农村居民进入城市务工，出现了农民工潮（见图8-1）。城乡发展差距迅速拉大。进入21世纪后，农业、农村、农民的"三农"问题得到高度重视，我国实施了社会主义新农村建设等一系列措施，城乡发展差距有所减小，但仍然凸显出很多问题，特别是农村居民收入增长缓慢，农村基础设施、集体经济和社会文化建设比较薄弱，青壮年劳动力流失问题也比较严重。

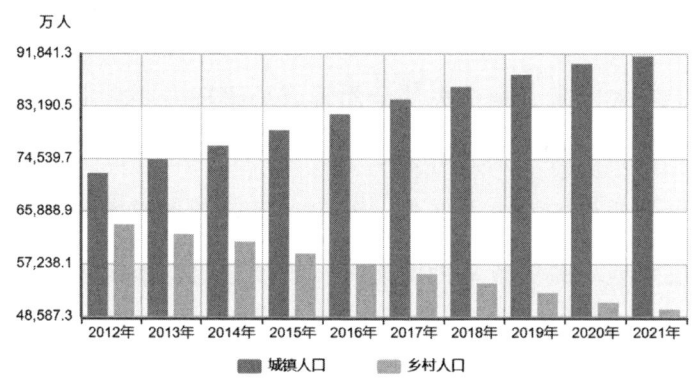

图8-1　2012—2021年我国城镇人口与乡村人口数量

资料来源：国家统计局官网。

我国城乡发展差距的拉大，是由多方面原因造成的，可以从制度、体制和机制等各个层面进行溯源。从制度层面来看，家庭联产承包责任制建立起来后，土地使用权归属农户个人，农村集体只拥有一个名义上的所有权，而且这种所有权给农村集体带来的收益也极为有限。一方面，农地使用权归属农户，有效地提高农村居民从事生产活动的积极性，一定程度上提升了农业劳动生产率，实现了农业增产增收。另一方面，"分"已经到位，但家庭联产承包责任制中"统"的作用并没有发挥出来。由于土地使用权被碎片化地赋予农户，土地规模化经营程度十分有限，无论是农户个体还是农村集体都无法对土地进行大规模集约化运作，农田水利基本建设、土壤改良、农业机械化信息化、农业产业结构调整等方面的工作都受到影响。

从体制层面来看，市场和政府关系不顺，是导致城乡差距拉大的重要诱因之一。改革开放以来特别是进入20世纪90年代以来，随着社会主义市场经济体制的建立，市场在资源配置中开始发挥越来越重要的作用。由于农业本身不是一个高利润率的产业，这就导致大量资源从农业流出。不仅如此，由于地方政府在经济增长中获得了很大的财政激励，为了尽可能提高经济体量规模，地方政府必然选择那些短平快的投资项目，特别是劳动密集型的工业产业，从农村吸走了大量劳动力，同时还挤占了大量土地资源。这使得本来就脆弱的农业更是雪上加霜。

从机制层面来看，劳动力和生产资料在城乡之间的流动通道不畅，激励机制不完善、不合理。当前，迫切需要通过恰当的政策措施，引导农村短缺的资本、技术、人才等生产要素回流，并采取新的劳动力和生产资料组合搭配方式，推动农业生产方式的系统性变迁。但是，由于农业生产特殊的"技术—经济"特征，农业生产的利润率水平往往不高，并且面临着很大的风险。而进入农业的资本是以利润最大化作为根本目的的，往往把进入农业作为投资文化旅游、商业地产开发的桥梁和"中介"，农业生产本身往往得不到有力的持续资金支持。此外，技术和人才要素也是农村极为短缺的，但是，农业差异化经营、新型农业经营载体和高技术农业的发展，往往受限于机制约束，在一些特定地区成功的案例无法在更大的范围内得以复制。这些因素的存在都使得农业生产方式的变革比较迟缓，新农业、数字农业、信息化农业的发展速度也比较缓慢，各种新型农业生产主体的成长也受到了一些阻碍。

（二）马克思主义政治经济学对我国扶贫工作的启示

马克思主义经典作家对贫困问题作过很多论述。马克思主义认为，在资本主义生产方式中，资本雇佣劳动开展生产，资本作为纽带，把劳动力和生产资料结合起来。从表面上来看，资本所有者与劳动者都是平等的交易主体，劳动者出售他的劳动力商品，资本所有者支付工资。但是，马克思主义经典作家指出，这种看似平等的劳动力商品交易，无法解释资本主义社会中劳资双方巨大的收入分配差距和无产阶级贫困现象。实际上，在资本主义生产方式中，劳动力商品具有一种特殊的使用价值——劳动，在劳动过程中，劳动力创造了比自身价值更大的价值，这一剩余价值被资本所有者无偿占有了。而劳动者只获得劳动力商品价值，也即工资。工资水平是服从于资本所有者追逐剩余价值的生产目的的，只局限在把劳动力再生产出来的范围内，用于劳动者及其家庭购买生活资料以及教育培训的支出。因此，相对于庞大的剩余价值和利润而言，劳动者所获得的工资是十分微薄的，这就导致巨大的收入鸿沟和财富差距。

马克思主义围绕贫困问题的分析，对我国精准扶贫工作也具有重要启示。马克思主义政治经济学从所有制层面揭示了资本主义生产方式中贫困产生的根源，这对于我国农村的精准扶贫工作而言，具有两个方面的参考意义。一方面，生产资料所有制是收入分配格局的决定性因素，在资本主义私有制条件下，劳资收入差距拉大和无产阶级贫困化是一个必然趋势。因此，农户精准扶贫必须依靠发展农村集体经济，推动农业规模化经营，利用农村集体经济力量抗衡市场洪流，避免小农经济被淹没在市场海洋中。同时，农村集体经济的发展，也有助于避免农户内部贫富差距的拉大。另一方面，资本在农村精准扶贫中发挥着重要作用，要鼓励资本进入农业生产和乡村建设领域。但是，资本是资本主义生产方式中的核心纽带，一旦由资本把劳动力和生产资料连接起来，劳动附属于资本的格局也就固定下来。在精准扶贫的过程中，既要发挥资本特别是私人资本的积极作用，同时也要注意防范资本无序扩张，损害农民权益。从另一个视角来看，公有资本和国有企业在精准扶贫的过程中承担着重要的社会责任，大型国有企业特别是央企的对口支援，已经为精准扶贫工作积累了很多成功经验。

精准扶贫工作的重点在农村，因此，建立一个良好的城乡分工关系，也就成为精准扶贫工作的重中之重。在《德意志意识形态》中，马克思指出，"物质劳动和精神劳动的最大的一次分工，就是城市和乡村的分离。城乡之间的对立是随着野蛮向文明的过渡、部落制度向国家的过渡、地域局限性向民族的过渡而开始的，它贯穿着文明的全部历史直至现在"[①]。在《共产主义原理》中，恩格斯提出，"通过消除旧的分工，通过产业教育、变换工种、所有人共同享受大家创造出来的福利，通过城乡的融合，使社会全体成员的才能得到全面发展"[②]。此外，马克思、恩格斯在《共产党宣言》《反杜林论》《资本论》等著作中也论述了城乡从对立不断走向融合的过程。这些相关论述都为我们开展精准扶贫、优化城乡关系提供了重要的理论依据。

---

① 《马克思恩格斯选集》第一卷，人民出版社 2012 年版，第 184 页。
② 《马克思恩格斯文集》第一卷，人民出版社 2009 年版，第 689 页。

（三）以产业升级推进精准扶贫

在城乡分隔的状态下，农村是农业生产活动的空间载体，而城市则是工业和服务业的空间载体。就劳动生产率而言，农业相对于工业和现代服务业而言是较为落后的。劳动生产率的差异表现在从业者收入水平上，导致城乡贫富差距。因此，要让农民摆脱贫困，必须推动农村产业升级，缩小城乡产业之间的效率差距。从政治经济学出发，可从生产活动的两大要素——劳动力和生产资料出发，提炼农村产业升级路径。

马克思主义政治经济学认为，生产方式的实质是劳动者在生产过程中与生产资料结合的方式。城乡经济关系表现为劳动力和生产资料在城乡之间进行形式多样的组合和搭配。从劳动者视角来看，伴随着生产力的提高，劳动者知识技能水平不断提升，原有劳动力与生产资料结合方式不断改进，进而改变了城乡经济关系。在城乡经济关系的变化过程中，可根据劳动者拥有的知识和技能水平，将国民经济产业部门分为普通劳动密集、技能劳动密集和技术劳动密集三个类型产业。普通劳动密集型产业对劳动力需求依赖程度较大，对劳动力素质要求不高；技能劳动密集型产业虽依赖劳动力需求，但对劳动力素质有更高的要求，需要农业劳动者能够运用专业知识，依靠操作技能从事农业生产及服务实践活动；而技术劳动密集型产业对技术的需求依赖程度较大，包括知识水平较高的技术型人才，以及更高层次的组织管理技术。普通劳动密集型产业在上述三个类型产业中，产业级别相对最低，但由于我国经济发展的特殊性质，该类型产业并没有完全被淘汰，而是转移到生产力水平相对落后以及劳动力成本更为低廉的区域，与技能劳动密集型以及技术劳动密集型产业在空间上并存。从普通劳动密集型产业向技能劳动密集型产业、技术劳动密集型产业升级的过程本身也是城乡关系演进的过程，即从城乡对立的二元结构向城乡协调发展再到城乡融合发展的过程。

1949年至1978年是我国城镇化的起步阶段，城乡关系的建立主要以城市为中心展开，农村处于相对从属的地位。在这一时期，为迅速恢复国民经济，一方面，我国进行社会主义改造，将小农经济逐步改造为社会主义集体经济，在政府主导下通过农业互助组、初级农业生产合作社、高级农业生产合作社等不同发展阶段对农业生产关系和经营形式逐步进行变革，在体制上形成了农业生产合作社这种独特的生产组织模式。在集体农业生产方式状态下，农村生产力较为落后，存在大量的农村剩余劳动力，农业形成了较低层次的产业经营形态，即普通劳动密集型产业。另一方面，国家采取"重工业优先发展"的经济发展战略，通过工农业产品之间的剪刀差，从农村地区提取农业剩余以支持城市和工业建设；国家在粮油供应、劳动就业、社会保障等方面向城市倾斜，使中国能够在短期内完成工业化；为阻止农业人口过多地向城镇流动，减轻城镇人口农产品供应量增长过快的沉重负担，1958年我国颁布《中华人民共和国户口登记条例》，严格地区分了农业与非农业户籍，形成城乡分离的户籍制度，割裂了城乡联系，从而形成以城市为中心的城乡二元对立局面。

党的十一届三中全会以来，随着家庭联产承包责任制的全面推行，农村建立起以家庭为单位的资源配置方式，在保持农村土地集体所有的前提下赋予农民土地承包经营权，显著提高了农业生产效率。统计数据表明：农业总产值从1978年的1117.5亿元增加到1990年的

4954.3亿元（见图8-2）。由于城市经济体制改革从1984年才开始启动，改革开放初期农村人口并没有大量向城市流动，这些剩余劳动力一部分就地与生产资料相结合，形成了以乡镇企业为代表的农村工业，产生了一个极具中国特色的微观经济主体——乡镇企业，促成了中国农业工业化的一次发展高潮。据统计，1978年至1984年，我国乡镇企业单位数平均为140万，至1992年乡镇企业单位数突破2000万[①]。乡镇企业大部分发展普通劳动密集型产业，资本有机构成较低，比较好地发挥了农村廉价劳动力的比较优势，也充分利用了初步发展起来的庞大农村市场。因此，在我国农业劳动力处于以劳动密集型产业为主的发展时期，城乡经济关系呈现出"二元经济结构"特征。

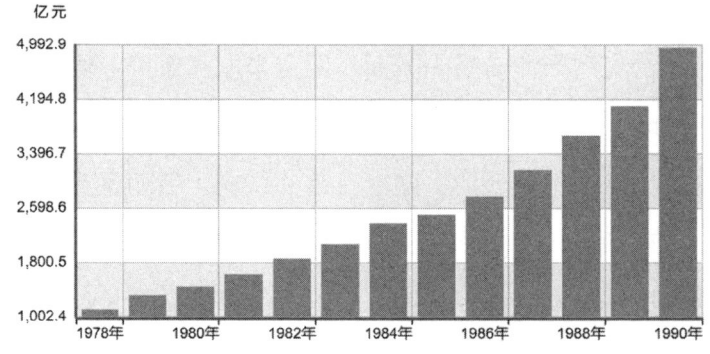

图8-2　1978—1990年我国农业总产值

资料来源：国家统计局官网。

明确社会主义市场经济体制的改革目标后，伴随着农业劳动生产

---

① 国家统计局：《中国劳动统计年鉴2005》，中国统计出版社2005年版，第493页。

率的不断提高，农村剩余劳动力存量不断提高，由此出现了大量进城务工人员。这一时期，普通劳动密集型产业已不适应农村发展要求，农村劳动力逐渐与更为先进的农业技术有机结合，劳动密集型产业逐渐转向技能劳动密集型产业。与普通劳动密集型产业不同，技能劳动密集型产业对生产技术与劳动提出了更高的要求。因此，大力发展新农业、轻工产业、现代生活服务业等技能劳动密集型产业以及高新技术产业中的劳动密集型生产环节，成为农村产业发展的新方向。

随着农村产业结构的不断升级，我国在打破城乡二元经济结构方面进行了一系列政策改革，由过去的农业支持工业逐步转向工业反哺农业。2000年开始，我国从制度上减轻农民负担，逐步推行农村税费改革。党的十六大上，党中央为解决城乡二元结构问题首次提出统筹城乡发展战略。党的十六届三中全会将"统筹城乡发展"作为了"科学发展观"的重要内容，并列为五个统筹之首。统筹城乡发展战略以全面建设小康社会为总目标，以发展的眼光、统筹的思路，将城市和乡村的发展紧密结合，树立了城乡一体化发展的经济思路，以解决城市和农村存在的问题。在统筹城乡发展战略的指导下，党的十七大指出要进一步推进社会主义新农村建设，"建立以工促农、以城带乡长效机制，形成城乡经济社会发展一体化新格局"。

党的十八大以来，农业精准扶贫的产业载体逐步转变为技术密集型产业。随着新一代科技革命蓬勃发展，在工业化发展、市场化改革和产业扶持政策的推动下，农村产业发展升级的要求不断提高，相关高新技术不断得到应用和推广。劳动力与新科技的结合进一步要求农村产业由普通劳动密集型、技能劳动密集型产业朝着技术劳动密集型产业转变。技术劳动密集型产业属于更高层次的产业经营形态，在生产结构中,"技术要素"所占比重大,劳动者文化技术水平高,经营规模化、管理精细化,产品附加价值高,是新时代农村产业发展的新趋势。

技术劳动密集型产业广泛应用以互联网为核心媒介的信息化技术,促进了城乡经济的进一步融合。信息化技术应用于农业生产、流通、销售等环节,有效打通了农产品销路,同时,农村劳动力的经济自主权显著增强。农村劳动力通过专业化技术培训转变为新型"职业农民",并与"互联网+"、大数据、云计算等为代表的新一代信息技术有机结合,形成了家庭农场、种植大户、农民专业合作社等新型农业生产经营载体。此外,在管理层面,新型农业生产经营载体运用先进的智能管理技术,在节约人力的同时提高了效率,推动农业实现规模化发展。

在农业信息技术快速发展,社会分工不断深化的条件下,培养具备先进生产能力和生产经验、掌握必要农业种植技术、熟练使用农业机械的劳动力是发展现代农业的必然要求。2016年以来,我国农业机械总动力不断提升,有效助力农村打赢脱贫攻坚战(见图8-3)。以上海市松江区为例,在高度工业化、城市化背景下,松江区探索适度规模的家庭农场经营方式,培养新型农业经营主体,推进了农业的现代化发展。松江区政府组建农机专业合作社,为家庭农场提供全程机械化作业服务,实行"大机专业化、小机家庭化"农机服务模式,并引用先进的组织管理技术,在农业生产领域应用远程监控、智能管理等技术手段对农业生产情况进行监督;区农技中心、镇农机服务中心向家庭农场提供种子技术服务,病虫草情报、气象信息等农业技术服务。同时,家庭农场经营主体从有务农经验的高龄劳动者,转变为近年来开始出现有知识、专业化、年轻化的农业经营者。①总体而言,产业升级助推精准扶贫已取得显著成效,2010年我国贫困人口数量为16567万人,至2020年已实现全部脱贫(见图8-4)。

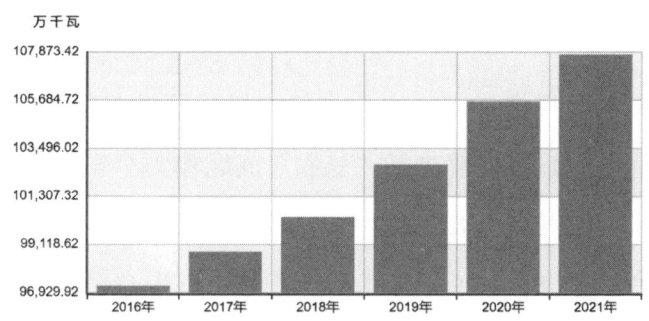

图8-3 2016—2021年我国农业机械总动力

资料来源:国家统计局官网。

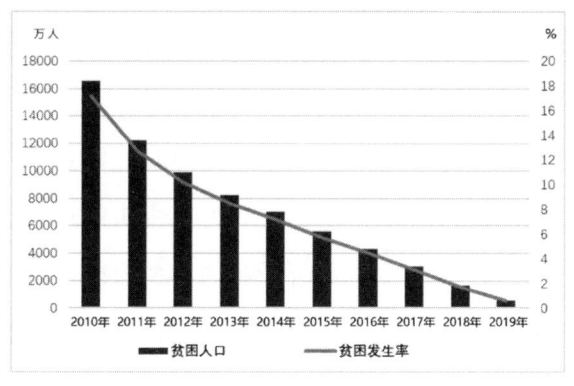

图8-4 2010—2019年全国贫困人口数与贫困发生率

注:按2010年(现行)农村贫困标准统计,即每人每年生活水平2300元。

资料来源:国家统计局:《中国统计年鉴2021》,中国统计出版社2021年版。

---

① 刘守英:《中国土地问题调查:土地权利的底层视角》,北京大学出版社2017年版,第12页。

二、接续实施乡村振兴战略

党的十九大报告指出，农业农村农民问题是关系国计民生的根本性问题，必须始终把解决好"三农"问题作为全党工作重中之重，实施乡村振兴战略。2021年4月29日，十三届全国人大常委会第二十八次会议表决通过《中华人民共和国乡村振兴促进法》。在打赢脱贫攻坚战、全面建成小康社会后，要在巩固拓展脱贫攻坚成果的基础上，做好乡村振兴这篇大文章。要坚持农业农村优先发展，按照产业兴旺、生态宜居、乡风文明、治理有效、生活富裕的总要求，建立健全城乡融合发展体制机制和政策体系，统筹推进农村经济建设、政治建设、文化建设、社会建设、生态文明建设和党的建设，加快推进乡村治理体系和治理能力现代化，加快推进农业农村现代化，走中国特色社会主义乡村振兴道路，让农业成为有奔头的产业，让农民成为有吸引力的职业，让农村成为安居乐业的美丽家园。从政治经济学的视角来看，要从产业发展模式转型、优化农村土地制度和培育新型农业经营主体三个方面，接续推进乡村振兴。

（一）以产业发展模式转型推动乡村振兴

乡村振兴的关键在于产业振兴，城乡融合发展的关键在于消除传统的城乡分工。马克思主义政治经济学认为，生产资料包括劳动资料和劳动对象,而"各种经济时代的区别,不在于生产什么,而在于怎样生产,用什么劳动资料生产"①。根据不同产业在生产过程中对劳动资料需求种类和需求依赖程度的不同,可将各产业部门划分为自然资源密集型产业、资金资源密集型产业和品牌资源密集型产业。其中,自然资源密集型产业的生产较依赖自然资源;资金资源密集型产业则在生产过程中对资金有更大需求,以扩增生产规模、改善生产技术等;品牌资源密集型产业则重点关注品牌在生产经营中发挥的引导作用。当然,自然资源密集型产业、资金资源密集型产业及品牌资源密集型产业并非独立存在的三种产业形态,而是于产业发展进程中共存。

1. 从城乡对立到城乡协调

农业是典型的自然资源密集型产业,农业生产对土地等自然资源具有较强的依赖性,这一特性也决定了农业生产在空间上是分散布局的。由于土地本身无法向城市集中,因此,农业和工业在空间上也就对立起来。在工业化早期,农业集中在农村,工业和服务业主要集中在城市,这就造成在产业层面上传统农业与非农业的对立,在空间布局上表现为农村与城市的对立。由于农业生产对自然资源、气候条件、环境变化具有很强的依赖性,农业生产也不可避免地具有周期性和季节性,这就导致农业部门与非农业部门劳动生产率的差异。传统农业产业与现代工业和服务业截然不同的产业特性,造成农业、工业、服务业的不均衡发展,在空间布局上形成城乡二元结构。也正是

---

① [德]马克思:《资本论(纪念版)》第一卷,人民出版社2018年版,第210页。

在这个意义上，西方发展经济学把城乡二元结构界定为发展中经济体最核心的特征，把二元结构向城市化转变的过程视为"现代化"的过程。

农村产业结构同资源流向密切关联。在我国工业化初期，农业以无偿提供生产剩余的方式支持城市工业发展，表现为资源从农业流向非农产业，从而制约了农业的产业结构升级，使之滞留于自然资源密集型产业。而随着工业化的不断推进，城乡差距不断扩大且趋于失衡，由此需逆转资源流动方向，以实现工业反哺农业，城市支持农村。[1]城市通过发展工商业，逐渐积累资金资源，这是解决农村发展困境的重要抓手。资金流向农村，能有效带动技术、劳力、物力等优质资料向农村同步转移，进而改变农村的自然资源密集型产业结构。

资金资源密集型产业的典型特点是：资金投入多，生产设备庞大，技术复杂程度相对比较高。其发展一般有两条路径，一是资金资源进入农业生产领域，以流转农地经营权的方式聚合土地，实现集约化、规模化、智能化生产，同时经由专业手段开展经营。在组织模式上，主要表现为"公司+农户"的形式。二是资金资源同农村其他产业结合，即资金租用农村集体土地，用于投资设厂引入新产业，抑或打造服务业，如农村旅游业等。随资金资源密集型产业而来的现代化生产技术及理念，有益于农村传统产业转型和新产业的培育，并明确了发展农产品精深加工业、农业服务体系和农业商业网络为主的产业发展新方向。就农村投资现状来看，随着乡村私营企业投资者的涌入，其就业人数也实现攀升（见图8-5）。

---

[1] 蔡昉：《"工业反哺农业、城市支持农村"的经济学分析》，《中国农村经济》2006年第1期。

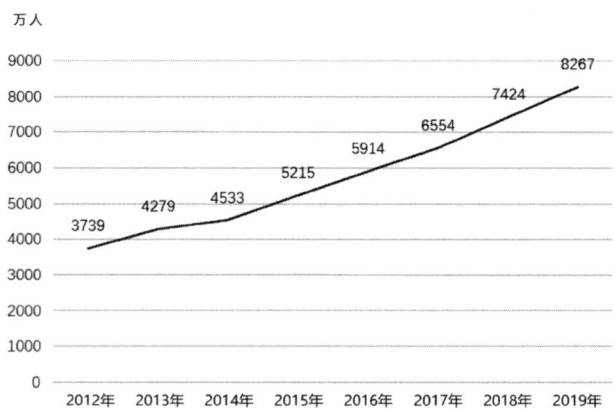

图 8-5　2012—2019 年我国乡村私营企业就业人数

资料来源：国家统计局官网。

2. 以品牌密集型产业发展促进乡村振兴

随着新一代信息技术的广泛应用和新科技革命的蓬勃发展，知识、信息、数据等日益成为重要的生产资源，加之居民收入和消费水平的不断提升，消费者愈加重视产品的品质、品牌、品位，这也使得农产品同质化、附加值低、品牌效应弱等问题暴露出来。这就对农村产业提出了新的升级要求，其核心是从资金资源密集向品牌资源密集方向升级，即利用现代化信息技术将发展重心置于品牌资源密集型产业，全面推进品牌兴农，培育独有特色的农业品牌。

品牌资源密集型产业的发展有两层含义。

第一，必须以品牌化方式体现特定农产品特色，突出竞争优势。在同质化竞争激烈的大背景下，带有地理标志的农产品具有极高的品牌价值和竞争力。以安吉白茶为例，自安吉县成功注册"安吉白茶"

商标后,白茶产业在几年内便发展为该县的支柱产业。①作为国家地理标志产品,其茶叶清香高扬的品质同该地域紧密关联,在茶叶市场的激烈竞争中形成显著优势。同时,品牌资源有利于引领产业模式升级。安吉县在全国率先实行"安吉白茶商标+企业商标"的管理模式,相继开发了茶园证管理、协会会员年检、统一专用包装印制管理等信息化系统,形成了独具特色的品牌服务新模式。同时,通过规范化茶园管理、品质化生产加工、一体化品牌推广和多元化市场营销,走出了一条品牌茶经济的特色发展道路。②因此,依赖品牌资源提高农产品核心竞争力是农业产业升级的重要途径。

第二,"品牌"战略不仅应将产品"品牌化",也应将地域"品牌化",即发展具有农村地域特色的文化品牌,以扩增市场吸引力,实现农村各产业整合升级。由于城市居民对绿色生活的需求不断增长,向往体验农耕文明,农村地区可因地制宜,突出文化特色,促进传统产业朝着品牌化、个性化、网络化的方向发展。近年在城郊兴起的"特色小镇"便是打造乡村地域品牌的积极尝试。以安徽巢湖"三瓜公社"为例,三瓜公社由"冬瓜民俗村""西瓜美食村""南瓜电商村"三个特色村庄组成,以"农旅为基、商旅发力、文旅为魂"的"三旅结合"为发展路径。在吸引城市居民到公社体验乡村民俗的同时,利用品牌优质资源,以"互联网+农业"方式引导区域农户种植农产品,签订统购包销协定,并在线上全面对接电商平台,建立电商

---

① 《品牌浙江》系列文丛编委会编:《聚焦浙江品牌:品牌浙江宣传优秀作品选(第二辑)》,人民日报出版社2006年版,第79页。
② 浙江省优质农产品开发服务中心编:《浙江农业品牌故事》,中国商务出版社2018年版,第71页。

基地，开发本地农特产品。①受地理因素影响，此种品牌资源密集型产业大多集聚于城郊，从而可更有效地整合农产品的商品链与供应链，利于优势资源向特色企业的集中，使产业链布局更加完整。

（二）优化农村土地制度

1. 细碎化土地使用权引致的农业生产方式升级困境

改革开放以来，我国农村通过实施家庭联产承包责任制改革，将土地集体所有权和农户使用权分置。家庭联产承包责任制是农民以家庭为单位，向集体经济组织（主要是村、组）承包土地等生产资料和生产任务的农业生产责任制形式。在农业生产中，农户作为一个相对独立的经济实体承包经营集体的土地和其他大型生产资料（一般做法是将土地等按人口或人劳比例分到农户经营），按照合同规定自主地进行生产和经营。其经营收入除按合同规定上缴一小部分给集体及缴纳国家税金外，全部归农户所有。家庭联产承包责任制改革极大地提高了农户个体的生产积极性和劳动效率，有效推动了农业生产力水平的大幅提高，实现了农业增产增收，成为生产关系变革推动生产力发展的经典案例。在统分结合的农地所有制改革过程中，土地使用权的"分"已经到位，但农地集体所有权的"统"受到削弱。一方面，农地使用权被分割为细碎化的小块土地使用权，这导致农业规模化经营水平长期得不到提升，农业基础设施建设长期滞后，一些先进的农业

---

① 半汤乡学院：《旅游，重塑乡村：安徽"三瓜公社"美丽乡村建设实践探索》，中国旅游出版社2018年版，第5页。

技术以及机械化、智能化设备的运用受到严重限制，综合生产力和劳动生产率低下，生产方式升级受到阻碍。另一方面，农村集体土地所有权被架空，集体土地收益权得不到保障。农村集体拥有农村土地的所有权，但是，这种所有权必须依靠农地产生收入才能真正实现。由于农户经营细碎化，土地的收益水平长期徘徊不前，农村集体土地所有权收益也就十分有限，这种根本意义上的所有权也就形同虚置。

2. 在巩固集体土地所有权基础上推进承包权和经营权流转

在马克思主义政治经济学看来，生产资料所有制是生产关系的核心内容，而生产资料所有权是所有制的法权表现。广义的生产资料所有权是一个"权利束"，其内容包括所有权、使用权、处置权、收益权等多项权利，这些权利可以归属不同主体所有，由不同主体行使。但是，在这些权利中，具有决定意义的根本权利是所有权。并且，在所有权与其他权利分离的情况下，掌握所有权的经济主体，必须通过各种形式获取生产资料收益，否则这种所有权就无法落实，就成为一种被架空的权利。

继家庭联产承包责任制改革实现农村土地所有权和承包权分置后，随着农业经营实际情况的变化，为了进一步推进农村土地使用权流转和规模化、集约化经营的展开，党的十八大以来，新一轮的农村土地"三权分置"改革持续推进。2016年，中共中央办公厅、国务院办公厅颁布《关于完善农村土地所有权承包权经营权分置办法的意见》，将农村土地产权中的土地承包经营权进一步划分为承包权和经营权，实行所有权、承包权、经营权分置并行。党的十九大报告提出，巩固和完善农村基本经营制度，深化农村土地制度改革，完善承包地"三权"分置制度。2018年中央一号文件《关于实施乡村振兴战略的意见》再次强调,完善农村承包地"三权分置"制度,在依法保护集体土地所有权和农户承包权前提下,平等保护土地经营权。

作为法律上层建筑的组成部分,产权设置对于推动经济发展具有重要作用。农地"三权分置"改革的实施,需要从三个方面推进,一是落实农地集体所有权,二是稳定农户土地承包权,三是放活各主体经营权。具体说,就是在落实农村土地集体所有权的基础上,稳定农村土地承包关系并保持长久不变,在坚持和完善最严格的耕地保护制度前提下,赋予农民对承包地占有、使用、收益、流转及承包经营权抵押、担保权能,引导和规范农村集体经营性建设用地入市,改革农村宅基地制度,完善农村宅基地分配政策,在保障农户宅基地用益物权前提下,选择若干试点,慎重稳妥推进农民住房财产权抵押、担保、转让。

一是要进一步落实农村土地的集体所有权。虽然我国法律对集体经济组织的权利进行了描述,我国物权法、土地管理法等法律法规规定由村集体经济组织或者村民委员会代表集体行使所有权,但并没有明确集体经济组织的主体概念,集体经济组织并没有成为一个独立的经济主体,其农村土地所有者地位也没有得到落实。大部分农村地区将村党支部委员会和村民自治委员会等同于农村集体经济组织,这实际上是把基层自治组织、党的基层组织与经济主体相混淆,不利于巩固和完善农村土地的集体所有权。为此,必须进一步明晰农村集体所有权的边界和内容,规定农村集体组织的组织形式、规范章程、法人主体地位等,使农村集体所有权的概念更为具体化。

二是要协调承包农户与经营主体间的利益。农地经营权独立出来后，经营主体与承包主体之间既是利益合作关系，同时也存在着权责划分上的矛盾和冲突。将哪些权能划分给承包主体，哪些权能划分给经营主体，是当前"三权分置"改革需要解决的重要问题之一。一方面，承包权与经营权权能的划分要保护好承包农户的经济收益和社会保障权益；另一方面，也要考虑土地为经营主体带来的收益以及优化农业生产方式的可行性。要将两个方面综合考虑，充分协调承包者与经营者之间的利益关系。

三是要在"三权分置"改革中遏制资本无序扩张。在经营权从土地所有权中分离出来后，资本将不可避免地更多涌入农业部门，这一方面有利于农地规模化经营，提升农业技术水平，也有助于调整农业产业结构。但是，农业毕竟是一个低利润率、相对较高风险的产业领域，资本无限追逐利润的本质决定了其必然要进入那些非农领域，这就涉及转变农地用途的问题。因此，在经营权自由流转的背景下，必须采取政策措施，明确限制资本改变农地用途，特别是要保护粮食作物用地保持在一定面积上。2012年以来，我国国有农场面积逐年扩大，有效保障了我国粮食安全问题（见图8-6）。此外，在资本经营农业生产过程中，还需要注意保护雇佣农业工人权益。

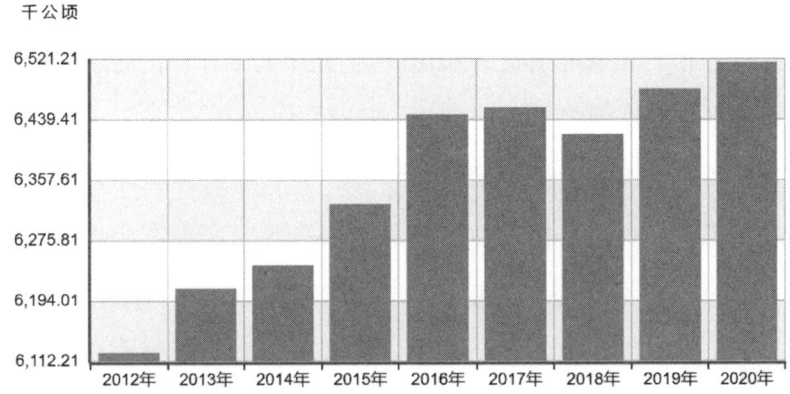

图 8-6　2012—2020 年我国国有农场耕地面积

资料来源：国家统计局官网。

（三）培育新型农业经营主体

从生产方式的角度来看，农业劳动者和农业生产资料结合起来开展生产活动，在这个过程中，其组合和搭配方式是多样化的。在农地制度改革背景下，随着农地所有权、承包权和经营权的分置，也必然涌现出新型农业生产方式，即新型农业经营主体。如何培育好这些新型主体，使之进一步提高农业生产效率，是当前推进乡村振兴的重要工作任务之一。

发展多种形式适度规模经营，培育新型农业经营主体，是破解"未来谁来种地"问题的迫切需要。随着新型工业化、信息化、城镇化进程加快，农村劳动力大量进入城镇就业，我国农村2亿多承包农户的就业和经营状态不断发生变化，这也就提出了"未来谁来种地、怎样种好地"这一尖锐问题。家庭农场、农民合作社、农业社会化服务组织等各类新型农业经营主体和服务主体根植于农村,服务于农户和农业,回答了谁来种地这一难题,为保障粮食安全,促进乡村振兴提供了重要前提性保障。

发展多种形式适度规模经营,培育新型农业经营主体,是培育农业农村新动能、实现乡村产业兴旺的迫切需要。实现产业兴旺,就是要让素质和技能不断提高的农民,能够以更有效率的方式结合起来,这就需要加快培育新型农业经营主体和服务主体。新型农业经营主体和服务主体对市场反应灵敏,对新品种新技术新装备采用能力强,具有从事绿色化生产、集约化经营的优势,具有从事新产业新业态新模式的创新精神,是促进农业农村发展的重要动能源泉。新型农业经营主体的发展,也有利于吸引人才服务于农业和农村,积极优化农业资源要素配置,推进农村一二三产业融合,实现农业高质量发展,夯实乡村全面振兴的产业基础。

发展多种形式适度规模经营,培育新型农业经营主体,是促进小农户对接大市场的迫切需要。在现代市场的浪潮中,分散经营的小农户根本无力与工商业大资本对抗,在流通领域往往处于严重的竞争劣势,由此也会引发农产品价格虚高而农户本身获利微薄等问题。因此,新型农业经营主体要发挥联系小农户和市场的纽带作用,把小农户团结起来,保护好农户权益。

近年来,各级政府出台支持政策,加大资金投入,鼓励社会力量积极参与新型农业经营主体和服务主体培育发展,加快构建以农户家庭经营为基础、合作与联合为纽带、社会化服务为支撑的立体式复合型现代农业经营体系。专业大户、家庭农场、农民合作社、农业生产托管的社会化服务组织、农业产业化龙头企业等各类新型农业经营主体和服务主体日益成为乡村振兴的重要推动力量。这也再一次证明，必须发挥劳动者主体、土地制度和经营组织形式三个方面的力量，从生产方式演进的高度思考和分析农村问题，才能在新的时代背景和要求下推进乡村振兴。

三、走一条中国特色新型城镇化道路

城市化或城镇化是发展中国家在经济发展过程中的必由之路，城市化是伴随工业化进程而不断深入的。一般来说，城市化是指一个经济体的大多数居民进入城市部门就业和生活，农业产值在国民经济中的比重不断降低，工业和服务业比重不断上升的过程。城乡关系的变革是在城市化进程中实现的，走一条中国特色新型城镇化道路，就是要推动我国城乡关系实现深刻变革，在乡村振兴的基础上实现城乡融合发展。

（一）西方现代化进程中的主流城市化模式

在资本主义生产方式兴起的现代化进程中，城乡经济关系发生了深刻变化。随着农业生产率的提高，农村开始出现过剩人口。同时，工业快速发展起来并集中在那些交通便利、资源丰富的地区，从而形成现代城市的雏形。农业过剩人口为谋取生计，必然选择涌入城市，城乡人口的特定流动模式,成为城市化最重要的特征。西方发展经济学甚至在这种城乡人口流动模式的基础上构建起自己的核心模型,譬如,发展经济学的开创者之一——美国经济学家威廉·阿瑟·刘易斯就认为,当所有农业过剩人口全部流入城市后,城市化进程才宣告结束。此时,由于农村产业部门和城市产业部门的劳动生产率是相同的,城乡形成了一种经济均衡关系。

西方发达国家的城市化道路,从表面上来看的确遵循了"刘易斯模型"中的一些规律性特征,但同时也要注意到的是,农村人口向城市流动的过程也不是一帆风顺的。美国经济学家托达罗认为,农村人口在决定是否迁入城市之前,会考虑城乡劳动报酬差额和在工业部门就业概率等因素,综合权衡利弊。这实际上表明,农村人口涌入城市并不是无条件的,即使进入了城市,农村人口也有可能因为找不到工作或者就业不稳定而陷入贫困。这种由于农村人口大量涌入城市而导致的"城市病",实际上也是某些发展中国家最终掉入"中等收入陷阱"的重要原因之一。

(二)中国特色新型城镇化道路

改革开放以来,中国的城市化进程开始加快。随着大量农村人口以各种不同的方式涌入城市,人口城市化比重快速提高,中国特色的城镇化道路也开始形成。党的十八大以来,户籍、就业、教育、医疗、养老、住房保障等领域配套改革不断推进,中国特色城镇化模式日渐成熟。2014年出台的《关于进一步推进户籍制度改革的意见》提出建立城乡统一的户口登记制度,不再区分农业、非农业户口，由此长达56年的城乡隔离户籍制度宣告结束，劳动力在城乡之间的流动更加顺畅。"十三五"以来，我国新型城镇化取得重大进展，城镇化水平和质量大幅提升，2020年末全国常住人口城镇化率达到63.89%，户籍人口城镇化率提高到45.4%（见图8-7）。从生产方式层面来看，中国特色新型城镇化道路至少呈现出两个特征。

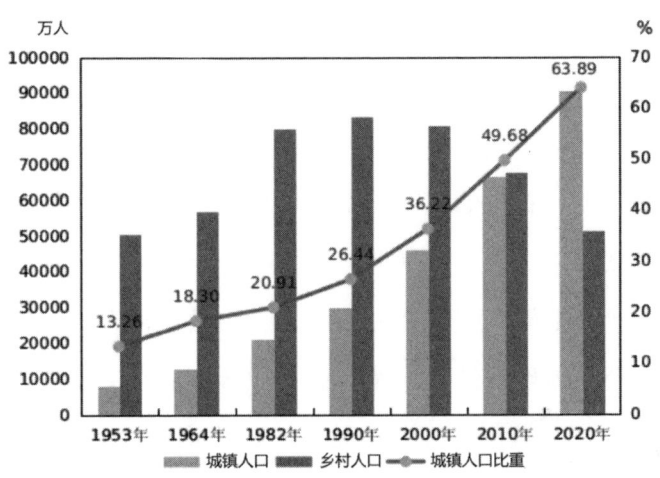

图8-7 我国历次人口普查城镇人口比重

资料来源：国家统计局官网。

一是农村劳动力是以"离土不离乡"的方式进入城市的。我国家庭联产承包责任制改革的核心特征是保留集体的土地所有权和农民的土地使用权，不搞土地私有化。进入城市务工的农民仍然拥有土地，即使土地使用权流转，也主要是向种田大户和家庭农场流转。因此，农民并没有完全脱离农业生产，而且呈现出一种"二元"姿态的复合型生产方式，即一方面在城市从事工业和服务业生产活动，另一方面仍有一定时间是在农村从事农业生产活动。在新一代进城务工人员中，也仍有一部分回到县城、中心镇从事农业相关产业及生活性服务业。这就使得我国城镇化呈现出一种"梯度化"和"渐进式"特征，在城市和农村的广袤中间地带，一大批城郊产业、开发区、大学城以及卫星城市发展起来。同时，县域和中心镇也成为中国城镇化体系的重要组成部分，为吸纳农村人口，对接城乡资源发挥着重要作用。

二是中国特色城镇化道路采取了多样化的劳动组织方式。我国幅员辽阔，各个地区的地形地貌、资源禀赋和经济基础条件差异极大，因此，中国特色城镇化不可能走一条标准模式化的道路。根据各地本身的异质性特点，农村的城镇化发展也呈现出多样化特征。有些地区依托特有自然资源，着力发展个体经济和电子商务，采用网购、直播等方式形成产业集群，建设特色小镇、魅力县城；有些地区利用大面积平原、丘陵的地理条件，发展农业专业合作社，主攻种植业特别是粮食产业，为中心城市供应农产品，成为城市周边的农业产业基地；有些地区耕地短缺，地形地貌十分复杂，农村因地制宜，开展包括林业、牧业、渔业以及农产品加工等在内的多种经营；有些农村地区积极承接工业产业转移，形成集中连片的城乡一体化产业集群，成为世界级城市群的有机组成部分。

当前，我国新型城镇化发展面临的问题挑战和机遇动力并存。一方面，城镇化质量有待进一步提升，户籍制度改革及其配套政策尚未全面落实，城镇基本公共服务尚未覆盖全部常住人口，城市群一体化发展体制机制尚不健全，大中小城市发展协调性不足，超大城市规模扩张过快，部分中小城市及小城镇经济和人口规模减小，城市发展韧性和抗风险能力不强，城市治理能力亟待增强，城乡融合发展任重道远。另一方面，我国仍处在城镇化快速发展期，城镇化动力依然较强；京津冀协同发展、长三角一体化发展、粤港澳大湾区建设等区域重大战略深入实施，城市群和都市圈持续发展壮大；城市物质技术基础不断强化，满足城市居民对优质公共服务和生态环境、健康安全等需求的能力日益增强，城市可持续发展的客观条件更为坚实。要破解问题、应对挑战、紧抓机遇、释放动力，推进新型城镇化不断向纵深发展。

（三）在城乡空间融合的基础上促进乡村振兴

20世纪90年代以来，随着自然资源密集型产业向资金资源密集型产业的升级，城乡关系随之发生显著变化。随着资金流向农村，与之相配套的城市生产资源——知识、技术、人力资源等也流向农村，农村传统的落后的生产方式被逐渐淘汰，传统农业对自然条件的依赖逐渐减弱，劳动力和生产资料在农业以新的形式实现结合。由此，城乡之间的经济关系由对立走向了协调发展，表现在空间布局方面，由于工商业资金进入农村，出于成本、经营便捷性和吸纳人力资源等多方面的考量，乡村工业越来越多地在城乡接合部和城市郊区聚集，大量县级市、县城、中心镇发展起来，在城乡之间形成越来越多的"中间地带"，发挥了沟通大中小城市与新农村间的资金、劳动力、技术等资源双向流动的作用，有效地促进了城乡协调发展。

城乡经济关系出现了明显变化，由二元对立状态向城乡协调发展转变。城乡之间的人流、物流、信息流增多，大量三四线城市、县级市、县城、中心镇发展起来，构成了中国城乡之外的"第三元"，在城乡之间形成越来越多的中间地带，城郊经济、县城经济也因此快速发展起来。技能劳动密集型产业在城市郊区和小城镇的集聚，可以将农产品的产品链与供应链有机整合，打造优质增值型供应链，有利于实现生产资料跨区域的合理优化配置，使产业链布局更加完整。这种新的企业布局模式，使城乡经济关系出现明显的变化，城乡之间的中间地带成为联系城市与农村的重要纽带，城乡之间的经济联系进一步加强。

中国特色社会主义进入新时代，农村产业由资金、资源密集型产业到品牌资源密集型产业的升级，使得城乡经济关系走向新阶段。一方面，在信息化时代背景下，借由农业物联网、人工智能、大数据等信息技术的更新和普及，形成了现代农业、智慧农业、观光农业等新经济模式。另一方面，农业产业形态发生变化，第一产业的边界变得比较模糊，工业、服务业同农业紧密融合，产生了新型农村工业、新型农业服务业等新业态。这些业态在一定区域内集聚，形成农产品品牌与农村地域文化品牌，并由此带动城乡各要素实现双向流动，城乡关系进入融合发展的新阶段。农村各产业融合发展的趋势，也为劳动力和生产资料在空间上以更多样形式结合起来提供可能，各地可根据自身优势，有选择地发展信息农业、设施农业、高端增殖农业、观光农业、都市农业，在这个基础上，城乡在空间结构上进一步融合，城市和乡村两个地域实体连接成为一个紧密联系的、网络状的并且相互渗透的区域综合体。

第八讲 扎实推进乡村振兴战略

本讲小结

党的十八大以来，我国相继实施了精准扶贫和乡村振兴战略，其目的都是为了重塑城乡经济关系，促进城乡融合发展。乡村振兴的关键在于产业振兴，必须推动农村主导产业升级，逐步把农业发展的支柱产业转变为技术密集型、品牌密集型产业。在这个过程中，优化的农村土地制度、新型农业经营主体都是重要的生产方式保障，要在保护好农村集体土地所有权的基础上，处理好农户承包权和市场主体经营权之间的关系，大力发展家庭农场、农民合作社、农业社会化服务组织等各类新型农业经营主体和服务主体。同时，城乡关系的变革是在城市化进程中实现的，走一条中国特色新型城镇化道路，就是要推动我国城乡关系实现深刻变革，在乡村振兴的基础上实现城乡融合发展。

第九讲
不断推进全体人民共同富裕

中国共产党建党伊始，就把国家富强作为重要的奋斗目标。然而，明确地把全体人民共同富裕作为社会主义优越性和社会主义本质提出来，还是在20世纪80年代。时隔30多年，在中国特色社会主义进入新时代的大背景下，共同富裕再次成为热议焦点。在2021年8月17日召开的中央财经委员会第十次会议上，习近平总书记指出，"共同富裕是社会主义的本质要求，是中国式现代化的重要特征，要坚持以人民为中心的发展思想，在高质量发展中促进共同富裕"[①]。当前，我国已经到了扎实推动共同富裕的历史阶段，必须把促进全体人民共同富裕摆在更加重要的位置。

一、分配在经济活动中的地位和作用

在马克思主义政治经济学视域下，分配具有两层含义：一是生产要素的分配，这时，分配是生产的组成部分，属于生产本身内部的问题；二是产品的分配，是社会再生产过程的重要环节，是联结

---

① 《习近平主持召开中央财经委员会第十次会议强调　在高质量发展中促进共同富裕　统筹做好重大金融风险防范化解工作》，《人民日报》2021年8月18日。

生产和消费的中介。后者是前者的结果。马克思指出："照最浅薄的理解，分配表现为产品的分配，因此它离开生产很远，似乎对生产是独立的。但是，在分配是产品的分配之前，它是（1）生产工具的分配，（2）社会成员在各类生产之间的分配（个人从属于一定的生产关系）——这是同一关系的进一步规定。这种分配包含在生产过程本身中并且决定生产的结构，产品的分配显然只是这种分配的结果。"[①] 通常意义上，我们讨论的分配是指后者，是社会在一定时期内创造出来的产品或价值在社会成员之间的分配。在商品经济条件下，产品或价值的分配集中表现为收入和财富的分配。

作为社会再生产过程中联结生产和消费的中间环节，分配构成了供给和需求有效衔接的重要纽带，从供给和需求两个方面影响着国民经济的健康发展。一方面，分配对生产和供给具有重要的反作用。尽管分配从本质上取决于有多少产品可供分配，但是分配环节通过激励效应能够直接影响生产和供给。一旦分配环节出现问题或受到阻碍时，它必然直接或间接地使生产遭到破坏，给国民经济的供给侧带来负面影响。从分配结构来看，平均主义的收入分配结构意味着劳动者的工资薪酬不与经济效益挂钩，激励不足必然导致劳动者积极性和劳动生产率下降，进而导致经济增长和技术创新缺乏内生动力。两极分化的收入分配结构也意味着微观经济主体分配到的收入或财富与其创造的社会价值不相匹配，这会导致消费动力不足、公共政策失效以及结构性过剩和结构性短缺并存，进而引发经济发展的恶性循环。由此可见，要发挥分配对于生产和供给的促进作用，关键在于形成合理的

---

① 《马克思恩格斯文集》第八卷，人民出版社 2009 年版，第 20 页。

收入分配结构，使微观经济主体的经济报酬与其创造的价值大体上呈正相关，从而使分配对生产和供给的激励效应得以正常发挥。

另一方面，分配直接关系到需求的规模和结构。在马克思主义政治经济学看来，在资本主义制度条件下，资本积累的过程对于资产阶级而言是财富的积累过程，对于无产阶级而言则是贫困的积累过程。在这个过程中，收入分配结构日益呈现出两极分化的态势，无产阶级在社会分配中的不利地位使得社会购买力持续萎缩，由此形成了供给过剩和需求不足的矛盾，进而引发了资本主义经济危机。由此可见，收入分配与居民消费需求结构和倾向之间具有内在紧密关联。

在社会主义制度条件下，分配要以全体人民共同富裕作为目标导向，这既是社会主义的本质要求，也是社会主义生产关系的内在规定。马克思曾指出，在资本主义社会，"剩余价值的生产是生产的直接目的和决定动机"[①]。与之相对，在社会主义社会，"生产将以所有的人富裕为目的"[②]，这是由生产资料所有制的性质所决定的。任何社会生产都以满足生产资料所有者的物质利益为主要目的，因此，在生产资料公有制的社会中，生产必然不再以少数人的财富积累为目的，而是要满足全体社会成员的需要，这是社会主义制度与资本主义制度的本质区别。我国始终坚持生产资料公有制和按劳分配为主体，就是为了保证发展的落脚点能够放在共同富裕上。分配环节合理与否，不仅直接关系到我国社会经济的稳定和发展，更关系到人民群众的切身利益和社会主义制度优越性的充分彰显。

---

① 《马克思恩格斯文集》第七卷，人民出版社 2009 年版，第 997 页。
② 《马克思恩格斯文集》第八卷，人民出版社 2009 年版，第 200 页。

二、我国共同富裕的理论与实践探索

全体人民的共同富裕是党和国家的重要奋斗目标。共同富裕不仅从价值旨归意义上揭示了社会主义生产目的，同时也遵循着循序渐进的历史发展过程。在各个不同的历史阶段，党和国家从国情实际出发把握共同富裕的阶段性任务，实事求是地塑造出"中国特色共同富裕"的立体形象，不断为共同富裕的最终实现创造着条件。

（一）新民主主义革命时期

"共同富裕"作为社会主义生产目的在中国出场，可以追溯到新民主主义革命时期。这一时期，半殖民地半封建的旧中国所呈现出的是各类矛盾交织汇集而成的现实状况：国家内忧外患积贫积弱，经济、政治、文化、社会等各个方面都在等待着革命的发生。

在旧中国，无数仁人志士曾开出救亡图存的药方：工业救国、农业救国、文化救国，等等。在这些药方中，有些是要先发展生产力，进而改变旧中国的生产关系和上层建筑；而有些是要先改变旧中国的文化格局，提高民众的文化教育水平……在这之中，只有中国共产党人将唯物史观与中国具体实际有机结合，深刻地认识到在当时的现实情况和国内外形势下，政治革命毫无疑问应当被摆在首要位置。毛泽东曾精辟地提出了近代中国社会的主要矛盾，即"帝国主义和中华民族的矛盾,封建主义和人民大众的矛盾"①。因此这一历史时期,我们着重从"争取民族独立"这一侧面认识了共同富裕的实现条件,将通过革命手段夺取政权、恢复国家主权确定为实现共同富裕的阶段性任务。

此外,在发动政治革命的同时,中国共产党也通过土地革命开启了对共同富裕的实践探索。从"打土豪、分田地",到规定解放区群众享有平等的土地分配权,这些政策的实行既为政治革命的胜利提供了广泛的群众基础,又使"共同富裕"理想在中国获得了现实写照。总之,在这一阶段,中国共产党带领中国人民浴血奋战、百折不挠,取得了新民主主义革命的胜利,这既标志着新民主主义革命时期任务的基本达成,也为中华民族伟大复兴和共同富裕的最终实现奠定了根本社会条件。

(二)社会主义革命和建设时期

党在领导人民成功夺取了全国政权后,继续推进社会主义革命,消灭了在中国延续几千年的封建剥削压迫制度,至1956年三大改造基本完成,社会主义制度正式在中国建立起来。此时,共同富裕目标才真正获得了在中国落地生根的制度基础。然而,社会主义中国未经历资本主义的充分发展,而是直接脱胎于半殖民地半封建社会,因此建立在薄弱物质基础上的社会主义制度并不牢固。这一时期,落后的生产力水平、薄弱的工业基础、国内外敌对势力的封锁和破坏,是摆

---

① 《毛泽东选集》第二卷,人民出版社1991年版,第631页。

在党和国家面前的现实状况,这也决定了我们应当将捍卫实现共同富裕的制度基础作为这一阶段的主要任务。

我国对社会主义生产目的和主要矛盾的探索是从20世纪50年代中期逐渐走向深入的。1956年,党的八大明确了当前国内的主要矛盾"是人民对于建立先进的工业国的要求同落后的农业国的现实之间的矛盾","是人民对于经济文化迅速发展的需要同当前经济文化不能满足人民需要的状况之间的矛盾"。在这里,满足人民对于经济文化迅速发展的需要,是党和国家从国情实际出发对共同富裕阶段性目标作出的概括,而经济文化发展落后的农业国现实则制约着这一阶段性目标的实现,二者之间的矛盾构成了这一时期的社会主要矛盾。这一阶段,我们对共同富裕的理解表现出两个方面的特殊性。一方面,"富裕"的内容主要指向物质层面。这是由于人民的需要无法超越现有的生产力水平,而在这一历史阶段我国国民经济总体上处于短缺经济状态。另一方面,"共同富裕"的阶段侧重点在于发展生产,从而捍卫劳动者共同享有发展成果的制度基础。

由此可见,这一时期党和国家以实际国情为依据,客观认识了实现共同富裕的阶段性任务和社会主要矛盾。在这个过程中,社会主要矛盾成为推动我国经济社会发展的根本动力。纵观整个经济恢复时期和过渡时期,党和国家不断强调"发展生产"在各项工作中的优先位置,并将重工业优先发展战略确定为"发展生产"的现实落脚点,从而为捍卫社会主义制度奠定了坚实的工业和国防基础。但遗憾的是,由于多种复杂因素的影响,党和国家对社会主要矛盾的正确认识逐渐发生了一些变化。20世纪50年代末开始,我国先后经历"大跃进"、国民经济调整和"文化大革命",共同富裕被片面地理解为平均富裕、同时富裕，这背离了我国实际所处的发展阶段。因此，在社会主义革命和建设时期，人民富裕程度并未得到明显提高。但是，也正是由于党和国家对发展生产的高度重视，才使我国在短时间内迅速建成了相对完整的工业和国防体系。也是从这个意义上讲，社会主义革命和建设实践为实现共同富裕和中华民族伟大复兴奠定了根本政治前提和制度基础。对此，邓小平恰如其分地评价道："我们尽管犯过一些错误，但我们还是在三十年间取得了旧中国几百年、几千年所没有取得过的进步。"①

（三）改革开放和社会主义现代化建设新时期

改革开放初期，我国社会经济发展呈现出了两个方面的复杂性。一方面，由于传统计划经济"重积累、轻消费"倾向导致国民经济比例失调，人民富裕程度未得到明显提高，这在客观上要求党和国家从更加立体的视角出发认识共同富裕。另一方面，上一阶段我国在产业发展、科学研究、基础设施建设等多个方面取得了累累硕果，共同富裕的制度基础获得了更加坚实的物质保障，这些成就也为新的时期推进共同富裕实践提供了可能性。

1981年，党的十一届六中全会通过的《关于建国以来党的若干历史问题的决议》在深刻总结新中国成立以来经验教训的基础上，以国情实际为依据作出了如下判断："我国所要解决的主要矛盾，是人

---

① 中共中央文献研究室编：《改革开放三十年重要文献选编》（上），中央文献出版社2008年版，第34—35页。

民日益增长的物质文化需要同落后的社会生产之间的矛盾。"[1]这一论述充分表明,社会主义生产目的与社会主义本质息息相关,一个社会拥有何种生产目的,就彰显出其本质特征,也就最为集中地反映着这一社会制度的根本规定性。也正是在这个意义上,在1992年的南方谈话中,邓小平以"解放生产力,发展生产力,消灭剥削,消除两极分化,最终达到共同富裕"[2]界定了社会主义本质,从社会主义生产目的视角对"什么是社会主义、怎样建设社会主义"这一历史之问作出了回答。社会主义不是共同贫穷,"富裕"和"共同"恰恰对应着社会主义在生产力和生产关系两个层面的本质规定。其中,"富裕"代表着社会生产力水平的高度发达和物质财富的极大丰足,"共同"则体现着社会成员共同占有劳动成果和社会财富的社会主义生产关系。由此可见,在这一阶段,党和国家对于共同富裕的理解走向深入,并集中表现在两个方面。第一,从满足人民物质文化需要的视角把握实现共同富裕的阶段性任务,强调真正将发展成果落实在人民生活水平的提高上。第二,以落后的社会生产这一现实状况为根本依据,对于共同富裕中"富裕"的认识依然更侧重于物质层面。

将共同富裕明确为社会主义的本质要求,为改革实践提供了新的方向指引。改革开放初期,在科学认识我国社会主要矛盾的基础上,党和国家重新明确了"以经济建设为中心"的发展战略,将"解放和发展生产力"作为实现共同富裕的根本前提,将"先富带动共富"作为共同富裕的实现路径,从而为共同富裕的实现积累了坚实的物质条

---

[1] 中共中央文献研究室编:《改革开放三十年重要文献选编》(上),中央文献出版社2008年版,第212页。
[2] 中共中央文献研究室编:《改革开放三十年重要文献选编》(上),中央文献出版社2008年版,第635页。

件。进入世纪之交，在"发展是我们党执政兴国的第一要务"的原则指引下，党中央进一步将发展先进生产力与实现最广大人民的根本利益紧密结合在一起。随着社会发展步伐的加快，人民的物质文化需求和全面发展的需要不断提高，而与此同时，经济社会发展不协调问题日益凸显。鉴于此，党中央适时提出了"以人为本、全面协调可持续"的科学发展观，强调"再分配更加注重公平"，统筹推进经济建设、政治建设、文化建设、社会建设和生态文明建设，进一步吻合了人民日益丰富的需要。

总而言之，在这一阶段，党和国家从国情实际和社会主义建设面临的现实问题出发，历史性地将"共同富裕"作为社会主义本质加以提出，并将实现共同富裕的阶段性目标与满足人民物质文化需要有机结合。改革开放以来，我国取得了一系列历史性成就，为共同富裕的实现和中华民族伟大复兴提供了充满新的活力的体制保证和快速发展的物质条件。但是，与迅速增加的物质财富相伴而来的还有发展的不平衡不协调问题，社会贫富差距拉大等社会顽疾已成为发展桎梏。发展的问题只能在发展中解决，这要求我们坚持问题导向与目标导向的统一，以更加多元立体的视角去认识共同富裕的内涵与实现路径。

（四）中国特色社会主义新时代

改革开放以来，我国经济社会发展取得历史性突破，社会面貌发生了翻天覆地的变化，中国特色社会主义进入新时代。优势与问题共生、机遇与挑战并存，是这一新的历史方位表现出的时代特点。从国内来看，党和国家提出了一系列新理念新思想新战略，社会主义市场经济迸发出蓬勃生机。2021年，我国经济总量突破110万亿元，达114.4万亿元，稳居世界第二，经济增速在全球主要经济体中名列前茅。全国居民人均可支配收入比2020年名义增长9.1%，人均国内生产总值80976元，按年平均汇率折算，达12551美元，进入中等收入国家行列（见图9-1）。与此同时，全球正面临着新一轮大发展大调整，国际格局发生深刻变革。一方面，伴随着新一代信息技术革命席卷而来，人类生产组织方式发生深刻调整，经济全球化进程持续深入。大国之间展开全方位的博弈角逐，作为守成大国的美国面临着众多追赶大国的竞争。另一方面，一些发展中经济体长期发展停滞，发达资本主义国家自金融危机后的经济复苏十分缓慢，同时，全球各国都受到新冠疫情等外生因素的冲击和影响，逆全球化浪潮此起彼伏，保护主义重新抬头，内顾倾向有所上升，区域性争端不断加剧。

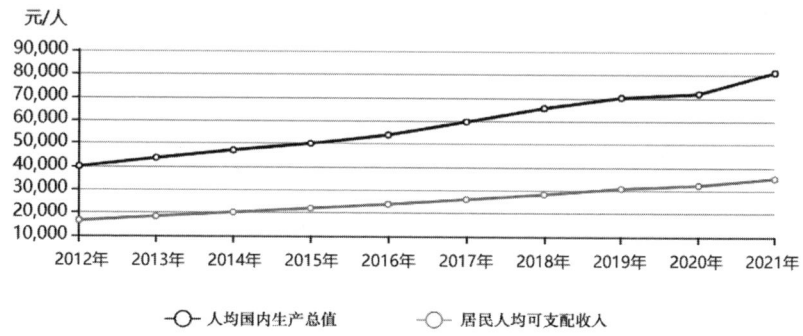

图9-1　我国人均国内生产总值与居民人均可支配收入（2012—2021年）

资料来源：中经网统计数据库。

2021年11月，党的十九届六中全会通过的《中共中央关于党的百年奋斗重大成就和历史经验的决议》(以下简称《决议》)总结了改革开放和社会主义现代化建设取得的伟大成就,即"实现了从生产力相对落后的状况到经济总量跃居世界第二的历史性突破,实现了人民生活从温饱不足到总体小康、奔向全面小康的历史性跨越,推进了中华民族从站起来到富起来的伟大飞跃"[1]。这实际上揭示了我国社会经济发展状况在新时代起点上的积极面。与此同时,矛盾叠加、风险隐患增多、经济发展速度放缓等消极面也在严重制约着人民需要的满足和共同富裕的实现。如此种种,构成了重新审视社会主要矛盾和共同富裕目标的基本参照系。

这一时期,中国共产党从横向和纵向两个维度拓展了关于共同富裕的认识。从横向来看,生产力水平的提高势必不断丰富人民群众的需要层次。在新的历史起点上,人民需要不再局限于简单的物质和文化层面,而是成为涵盖民主、法治、公平、正义、安全、环境等多个领域的概念。基于此,党的十九大报告对中国特色社会主义新时代社会主要矛盾作出了新概括,即"人民日益增长的美好生活需要和不平衡不充分的发展之间的矛盾"。在这里,满足人民日益增长的美好生活需要构成了共同富裕目标在中国特色社会主义新时代的政策表达。具体而言,习近平以"更好的教育、更稳定的工作、更满意的收入、更可靠的社会保障、更高水平的医疗卫生服务、更舒适的居住条件、更优美的环境"[2]"幼有所育、学有所教、劳有所得、病有所医、老有所养、住有所居、弱有所扶"[3]等一系列表述对"美好生活需要"的

---

[1] 《中共中央关于党的百年奋斗重大成就和历史经验的决议》,人民出版社2021年版,第22页。
[2] 《习近平谈治国理政》第一卷,外文出版社2018年版,第4页。
[3] 《习近平谈治国理政》第三卷,外文出版社2020年版,第18页。

丰富内涵进行了全面系统的阐述。从"需要"与"富裕"的逻辑关联来看，富裕本身就意味着人的需要的充分满足状态。因此，与这一时期多样化、多层次、多方面的"美好生活需要"相对应，新时代下的共同富裕也不仅是指物质层面的富裕，而且涵盖着物质丰裕、精神充实、政治清明、文化繁荣、生态良好等多方面的要求。

从纵向来看，进一步强调共同富裕的实现是一个不断推进的动态过程。在全面建成小康社会的基础上，党和国家以"两个十五年"规划了从2020年至21世纪中叶实现共同富裕的宏伟蓝图：从2020年到2035年，基本实现社会主义现代化，全体人民共同富裕迈出坚实步伐；从2035年至21世纪中叶，把我国建成富强民主文明和谐美丽的社会主义现代化强国，全体人民共同富裕基本实现。[①]2021年11月，《决议》将"全体人民共同富裕取得更为明显的实质性进展"纳入"十个明确"内容体系，并再次强调了21世纪中叶"全体人民共同富裕基本实现"的目标进程。与此同时，《中华人民共和国国民经济和社会发展第十四个五年规划和2035年远景目标纲要》提出，支持浙江高质量发展建设共同富裕示范区，这有利于通过实践进一步拓宽共同富裕的实现路径，为共同富裕"两个十五年"规划的推进提供范例和标杆。

---

① 参见《习近平谈治国理政》第三卷，外文出版社2020年版，第22—23页。

三、在制度层面推进共同富裕

社会主义基本经济制度是全体人民共同富裕的制度保证。2019年，党的十九届四中全会正式提出："公有制为主体、多种所有制经济共同发展，按劳分配为主体、多种分配方式并存，社会主义市场经济体制等社会主义基本经济制度，既体现了社会主义制度优越性，又同我国社会主义初级阶段社会生产力发展水平相适应，是党和人民的伟大创造。"[①]在扎实推进共同富裕的过程中，必须不断坚持和完善社会主义基本经济制度，充分发挥中国特色社会主义制度优势。

（一）坚持公有制为主体、多种所有制经济共同发展

公有制为主体、多种所有制经济共同发展，是中国特色社会主义制度的重要支柱，是社会主义市场经济的根基。在马克思主义政治经济学看来，生产决定分配，生产关系决定分配关系。生产资料所有制作为生产关系的基础，不仅决定着生产过程中人与人的经济地位差别，同时也决定着产品的分配。生产资料所有制，即各经济主体的生产资料占有关系，占有生产资料的主体在产品分配中也占据着主导地位。只有在生产资料公有制的基础上，才能形成以按劳分配为主体的

---

① 中共中央党史和文献研究院编：《十九大以来重要文献选编》（中），中央文献出版社2021年版，第280—281页。

分配关系，才能从生产条件的占有环节防止两极分化，最终实现共同富裕。对此，邓小平曾指出："一个公有制占主体，一个共同富裕，这是我们所必须坚持的社会主义的根本原则。我们就是要坚决执行和实现这些社会主义的原则。"[①]

扎实推动共同富裕，必须毫不动摇巩固和发展公有制经济。一方面，国有经济属于全民所有，是实现广大人民群众根本利益的重要力量，更是党领导人民实现共同富裕的重要物质基础。数据显示，2018年我国规模以上工业企业中国有控股企业数量仅占4.9%，但主营业务收入占26.8%，利润总额占28.0%。[②]因此，必须坚持有利于国有资产保值增值、有利于提高国有经济竞争力、有利于放大国有资本功能的方针，推动国有企业深化改革，提高经营管理水平，加强国有资产监管，坚定不移把国有企业做强做优做大。允许国有资本进入一般竞争性行业，在国有企业混合所有制改革中，鼓励国有资本与私人资本"双向进入"，特别是鼓励国有资本以不同方式、不同比例参股私营企业，放大国有资本的影响力、辐射力和带动力，发挥出国有资本对于促进共同富裕的示范效应。另一方面，集体经济也是社会主义公有制的重要组成部分，对于巩固公有制的主体地位、促进农民群体就业增收具有重要作用。当前，城乡区域发展和收入分配差距仍然较大。对此，必须壮大农村集体经济，在坚持农村土地集体所有制的基础上，积极探索农村集体经济的实现形式，大力发展种养大户、家庭农场、专业合作社、农业龙头企业等新型农村集体经济经营模式，注重积累集体资本，保障农民权益，促进农民就业和增收。

---

① 《邓小平文选》第三卷，人民出版社1993年版，第111页。
② 数据来源：国家统计局官网。

扎实推动共同富裕，必须毫不动摇鼓励、支持、引导非公有制经济发展。改革开放至今，我国非公有制经济对于促进生产力发展作出了重要贡献，在稳定增长、促进创新、增加就业、活跃市场、改善民生、扩大开放等方面发挥了积极作用。就非公有制经济规模来看，第四次全国经济普查公报显示，2018年我国私营企业法人单位数占总数量的84.1%，而国有企业比重仅为0.4%（见表9-1）。但在这个过程中，非公有制经济的大规模发展，也直接导致了初次分配环节收入和财富的两极分化。一方面，要为各类所有制企业营造公平、透明、法治的发展环境，调动非公有制经济发展的积极性，发挥其对于社会主义经济发展的积极作用。另一方面，必须坚持我国"以人民为中心"的根本立场，以社会主义生产目的矫正私人资本的逐利性质，防止资本无序扩张挤占劳动者的合法权益，引导非公有制经济更多关注慈善等社会公益事业，这也是社会主义生产关系的应有之义。

表9-1 2018年按登记注册类型分组的企业法人单位数

	单位数（万个）	比重（%）
合　计	1857.0	100.0
内资企业	1834.8	98.8
国有企业	7.2	0.4
集体企业	9.8	0.5
股份合作企业	2.5	0.1
联营企业	0.7	0.0
有限责任公司	233.4	12.6
股份有限公司	19.7	1.1
私营企业	1561.4	84.1
其他企业	0.1	0.0
港、澳、台商投资企业	11.9	0.6
外商投资企业	10.3	0.6

资料来源：《第四次全国经济普查公报》。

（二）坚持按劳分配为主体、多种分配方式并存

按劳分配为主体、多种分配方式并存是我国基本经济制度的重要内容，这是由我国的生产资料所有制结构决定的。收入分配制度直接关系到共同富裕的实现。其中，按劳分配为主体是实现共同富裕的基本条件，体现了社会主义的本质要求。多种分配方式并存则是非公有制经济存在和发展的客观要求，有利于调动一切积极因素为社会主义服务，筑牢共同富裕的物质基础。

扎实推动共同富裕，必须坚持按劳分配为主体，着重保护劳动所得。劳动是价值创造的源泉，也是广大人民群众的主要收入来源。只有坚持按劳分配为主体，才能保证广大人民群众共享改革发展的成果，保证社会发展朝着共同富裕方向迈进。需要强调的是，劳动者的劳动禀赋和劳动能力天然存在差别，因此在按劳分配的过程中必然形成富裕程度的差异。不能将共同富裕理解为平均主义，而是要将劳动者的劳动报酬同劳动成果的数量和质量挂钩，坚持多劳多得、少劳少得，充分调动广大劳动者的积极性。首先，提升劳动报酬在初次分配中的占比，增强劳动力作为生产要素的市场竞争力和话语权。在其推动下，我国居民的工资性收入不断提升（见图9-2）。其次，努力实现人民收入增长和经济发展同步、劳动报酬增长和劳动生产率提高同步，让更多的发展成果惠及广大人民群众。最后，健全工资正常增长机制，健全和执行最低工资制度，随经济增长适时提高最低工资标准，维护劳动者的合法劳动报酬权益，着力提高劳动者特别是低收入劳动者的劳动报酬。

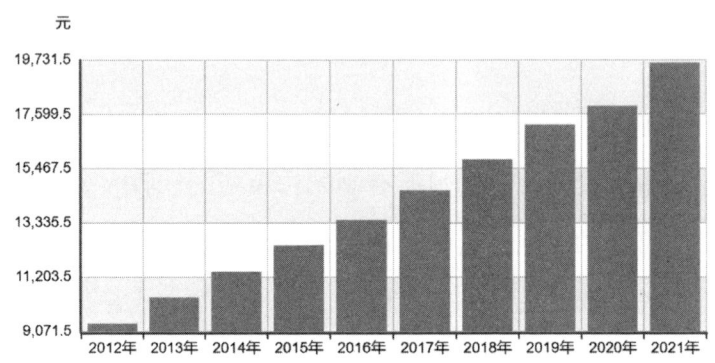

图 9-2　2012—2021 年我国居民人均可支配工资性收入

资料来源：国家统计局官网。

扎实推动共同富裕，必须将按劳分配与按要素分配有机结合。在社会主义初级阶段，按要素分配是对按劳分配方式既有不足的有益补充，两种分配方式并不冲突而是相得益彰。改革开放以来，资本、技术、管理、数据等生产要素都参与到了社会财富的创造中来，为我国经济发展提供了强劲动力。必须健全各类生产要素按贡献参与分配的制度，让拥有不同生产要素的经济主体都能在产品分配中获得与其贡献相匹配的份额。让各行业各方面的劳动者、建设者、企业家以及创新人才等都能根据市场贡献参与分配，不断拓宽收入来源。具体表现为居民人均可支配工资性收入、经营净收入、财产净收入、转移净收入的逐年增长（见图9-3）。如此，才能调动起各生产要素主体的积极性和主动性，让一切创造社会财富的源泉充分涌流，为实现共同富裕提供丰裕的物质基础。

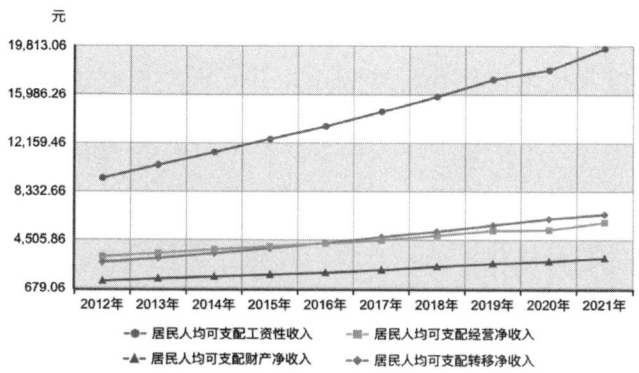

图9-3 2012—2021年我国居民人均可支配收入情况

资料来源：国家统计局官网。

（三）坚持和完善社会主义市场经济体制

在社会主义条件下发展市场经济，是我们党的一个伟大创举。我国经济发展获得巨大成功的一个关键因素，就是我们既发挥了市场经济的长处，又发挥了社会主义制度的优越性。不可否认的是，市场经济在实现经济增长和创造国民财富等方面卓有成效，是共同富裕的重要推动力。但是，仅通过市场机制的自发调节是无法实现共同富裕的，甚至还有可能引致收入分配悬殊和贫富差距拉大等问题。因此，在市场经济的框架内推进共同富裕，必须将社会主义与市场经济有机结合，构建高水平的社会主义市场经济体制。

在初次分配中，一方面，应注意发挥市场在资源配置过程中的决定性作用。共同富裕既要"做大蛋糕"又要"分好蛋糕"，"分好蛋糕"是"做大蛋糕"的前提。在当前阶段，"做大蛋糕"需要充分发挥市场的"指挥棒"作用，通过价格机制和市场竞争效应让劳动、资本、技术、管理、数据等各类生产要素自由流动，自由组合搭配。以完善产权制度和要素市场化配置为重点，实现产权有效激励、要素自由流动、价格反应灵活、竞争公平有序、企业优胜劣汰。让各类市场主体有更多活力和更大空间去发展经济、创造财富，实现资源配置效益最大化和效率最优化。另一方面，政府必须有所为、有所不为。长期以来，在理论上存在一种"市场负责初次分配、政府负责再分配、社会负责第三次分配"的认识误区。但事实上，初次分配的公平合理需要政府和市场协同发力，政府在初次分配环节不仅大有可为，而且必须有所作为。具体而言，政府要承担起"裁判员"的职责，在完善社会主义市场经济体系上下功夫，加快完善市场监管机制，健全工资集体谈判机制，加快破除行政性垄断和市场分割，加快城乡统一劳动力市场和全国统一要素市场的建设，为市场有序高效地配置资源创造条件。

（四）坚持党对经济工作的集中统一领导

"党政军民学，东西南北中，党是领导一切的。"[1]中国共产党的领导是捍卫人民当家作主地位和社会主义制度基础的根本前提。只有坚持党对经济工作的集中统一领导，共同富裕才能从美好愿景真正转变为生动现实。习近平总书记曾多次强调，实现共同富裕不仅是经济问题，而且是关系党的执政基础的重大政治问题。我们推动经济社会发展，归根结底是要实现全体人民共同富裕。[2]

---

[1] 《习近平谈治国理政》第三卷，外文出版社2020年版，第16页。
[2] 参见《习近平谈治国理政》第四卷，外文出版社2022年版，第171、116页。

中国共产党的百年历史,正是党坚守全体人民共同富裕的价值取向,为国家富强和人民富裕不懈奋斗的辉煌历史。在这个历史进程中,民族命运与人民幸福统一于党带领人民革命、建设和改革的伟大实践,赋予了中国共产党百年恢弘画卷以鲜明底色。进入中国特色社会主义新时代,我国仍然面临着诸多亟待解决的新矛盾和新问题,这些矛盾和问题制约着共同富裕的实现。在此背景下,以习近平同志为核心的党中央始终坚持以人民为中心,坚持在发展中保障和改善民生,不断改进和完善普惠兜底的社会保障体制机制,着力解决发展的不平衡不充分问题,取得了打赢脱贫攻坚战、消除绝对贫困和区域性整体贫困、全面建成小康社会等一系列历史性成就,保证了中国特色社会主义事业向共同富裕目标的顺利推进。在新的百年奋斗起点上,要继续坚持党对经济工作的集中统一领导,发挥党把方向、谋大局、定政策、促改革的关键作用,确保党始终总揽全局、协调各方,始终把增进人民福祉、促进人的全面发展、朝着共同富裕方向稳步前进作为经济发展的出发点和落脚点,为扎实推动共同富裕提供坚强政治保障。

四、在体制和政策层面推进共同富裕

从收入分配的顺序来看,物质资料生产活动创造的产品和服务,要依次经过初次分配、再分配和第三次分配才能最终形成各经济主体的收入。在初次分配结束后,政府还要对分配结果进行调节,以纠正初次分配后收入分配差距过大、劳资矛盾突出、社会保障不足、公共服务缺失等问题。第三次分配则通过民间捐赠、慈善活动和志愿服务等形式进一步缩小收入差距，助力共同富裕的实现。在这个过程中，需要发挥市场、政府、社会三方力量的协同作用，形成具有中国特色的市场与政府关系和社会基层互助关系。

（一）完善再分配机制

再分配是国民收入在初次分配基础上再次进行分配的过程，也是政府通过财政和税收等形式对国民收入进行调节的过程。再分配是国民收入分配的重要环节之一。在市场经济条件下，价格机制和竞争效应的发挥必然导致初次分配的收入存在一定差距。历史经验和国际经验都表明，初次分配所形成的收入差距问题，必然要求政府发挥其收入再分配的职能，进而调整国民收入分配格局和促进社会公平。因此，国民收入再分配对于实现全体人民共同富裕具有至关重要的意义。

与一般性的市场经济相同，社会主义国家的政府利用财政收入、税收、转移支付等手段调节收入分配结构。一方面，政府要履行好再分配调节职能，完善以税收、社会保障、转移支付等为主要手段的再分配调节机制，特别是加大税收对收入分配结构的调节力度。譬如，2002年以来，国家企业所得税的增幅远超个人所得税，以此调节企业与个人之间的收入差距问题（见图9-4）。另一方面，政府要把更大比例的财政收入投入公共服务领域，加大对低收入居民的转移支付力度，建立和完善居民最低生活保障制度、医疗保险制度和养老保险

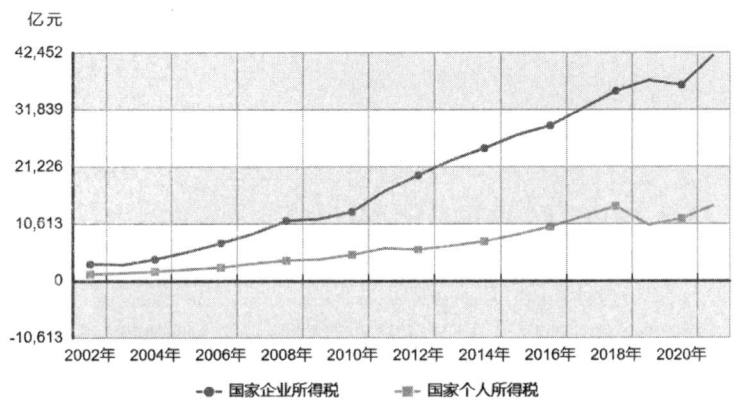

图9-4　2002—2021年国家企业所得税与个人所得税情况

资料来源：国家统计局官网。

制度，逐步实现基本公共服务均等化，做到幼有所育、学有所教、劳有所得、病有所医、老有所养、住有所居、弱有所扶，使发展成果更多更公平惠及全体人民，具体体现在国家财政在一般公共服务、社会保障和就业、医疗卫生等领域支出呈逐年上升趋势（见图9-5）。需要强调的是，在通过再分配手段改善民生方面，我们必须坚持既尽力而为又量力而行。我国仍处于社会主义初级阶段，政府再分配职能的履行必须与综合国力和财政能力相适应，避免"过犹不及"。一些国家在社会保障和福利等方面的经验教训表明，脱离国情实际的过度福利化和过度承诺，既有可能造成"奖懒惩勤"效应，反过来损害初次分配的公平性，也会引发效率降低和经济增长停滞，进而影响共同富裕目标的实现。

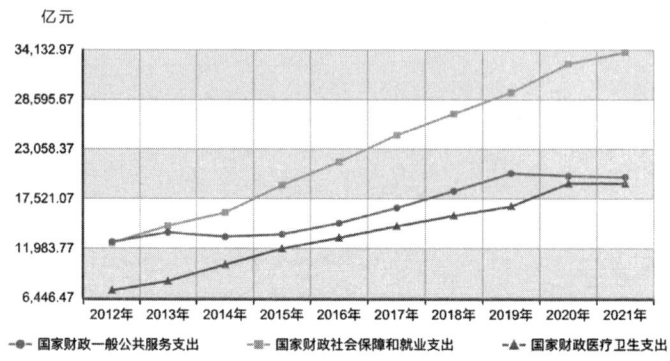

图9-5 2012—2021年国家财政支出情况

资料来源：国家统计局官网。

与一般性的市场经济不同的是，在社会主义市场经济中，政府进行收入再分配的手段不仅仅局限于财政收支和社会保障。党和政府制定和实施国民经济和社会发展五年规划、中长期经济发展规划以及产业政策和区域战略，注重调节产业间、区域间、城乡间的收入分配差距，着力推进共同富裕。特别值得强调的是，这种具有中国特色的政府调节，深刻体现了中国共产党的政治领导作用。譬如，国民经济和社会发展五年规划的起草，都是由中央财经领导小组牵头成立起草小组编制，并直接在中央政治局常委领导下开展工作的。党的十九届五中全会审议通过《中共中央关于制定国民经济和社会发展第十四个五年规划和二〇三五年远景目标的建议》（以下简称《建议》），并正式对外公布，《建议》正式公布之后，再形成"十四五"规划纲要草案编制的初稿。《建议》明确提出："完善再分配机制，加大税收、社保、转移支付等调节力度和精准性，合理调节过高收入，取缔非法收入。"①

（二）发挥第三次分配的补充作用

第三次分配是在道德、文化、习惯等因素的影响下，社会力量自愿通过民间捐赠、慈善事业、志愿服务等方式济困扶弱的行为。第三次分配是对初次分配和再分配的有益补充。我国20世纪90年代已提出第三次分配的概念，党的十九届四中全会强调要重视发挥第三次分配作用。2021年8月召开的中央财经委员会第十次会议提出要构建初次分配、再分配、三次分配协调配套的基础性制度安排。实施第三次分配的用意，在于发挥市场、政府、社会三方力量在分配中的协同作用，为达到共同富裕创造了有利条件。

就第三次分配发展的历史根源而言，中华民族在发展过程中所形成的独立、完整且传承至今的中华传统文化体系，其中就蕴含着丰富的慈善文化基因。中国社会朴素的福利观、慈善观发端于原始社会氏族时期，及至春秋战国，儒家"仁者爱人"、道家"积善行德"、墨家"兼爱交利"，诸子百家的主张中都蕴含着丰富的慈善思想。时至明清，各种民间组织数目已经十分可观，功能也非常齐全。普济堂收容孤贫，育婴堂拯济弃婴，栖流所留养流民，会馆资助同乡，义庄帮扶同族，同善会扶弱助贫，放生会体恤万物，救生局驰援落水，清洁堂抚恤节妇，丧葬善会施棺助葬，因利局借款贫民，洗心局管教不孝，覆盖了社会保障的各个方面。近代以来，随着中国国门的打开，以宗

---

① 中共中央党史和文献研究院编：《十九大以来重要文献选编》（中），中央文献出版社2021年版，第809页。

教为载体的西方慈善事业传入中国,一大批传教士兴办医院、学校等福利机构,为中国民间慈善事业提供了较为先进的技术、思路和运作模式。

中华人民共和国成立后,政府全面接手了慈善事业。由于社会主义革命和建设时期总体上收入分配比较均等,计划经济体制包揽了广大居民的教育、医疗、养老等社会保障事务,使得民间慈善事业失去了存在的意义,因而逐渐淡出了人们的视野。改革开放以来,伴随市场经济体制接踵而来的是居民收入分配差距的拉大和各种社会弱势群体的出现,民间慈善又重回人们身边。中国慈善联合会的慈善捐助年度报告显示,从2015年到2019年,中国年度慈善捐赠总额从1108.57亿元增长到1509.44亿元,人均捐赠额从81.69元增长到107.81元。但是,由于我国以慈善事业为主要形式的第三次分配起步较晚,慈善资源十分有限,组织发育相对滞后,其在国民收入分配体系中发挥的作用仍然比较微弱。

在庆祝中国共产党成立100周年大会上,习近平总书记深刻总结马克思主义中国化的重大历史意义和作用,强调"以史为鉴、开创未来","必须继续推进马克思主义中国化",并指出"坚持把马克思主义基本原理同中国具体实际相结合、同中华优秀传统文化相结合"。[①] "两个结合"实际上已经为我国指出了以第三次分配助力共同富裕的方向。一方面,要把社会形态演进理论同中国实际结合起来,对中国特色的第三次分配进行具体分析,进而探寻推进共同富裕的有效路径。从整体上来看,我们仍处在商品经济持续发展的历史阶段,

---

① 习近平:《在庆祝中国共产党成立100周年大会上的讲话》,《人民日报》2021年7月2日。

也就不可避免地存在资本雇佣劳动的现象。在这一前提下，鼓励发展企业家慈善、民间捐赠等形式的第三次分配，也是遏制资本无序扩张，从社会层面对劳动者进行收入补偿的一种可行途径。此外，我们所倡导的第三次分配不仅仅局限在慈善活动中，还包含培育民间互助组织、共享经济和集体经济的用意，而这些经济组织形式也是公有制经济的重要实现形式。譬如，农村经济的合作化和规模化经营就是中国农业实现"第二次飞跃"的重要路径。也就是说，我们实施的第三次分配并不是简单的时序概念，并不一定是在初次分配和二次分配结束后才开展的活动。在生产过程中，经济主体就可以通过互助生产、集体经济、义务劳动、志愿服务等形式参与进来，把初次分配和第三次分配结合起来。此外，我们实施的第三次分配也有必要与以政府为主导的再分配结合起来，把民间慈善和捐赠活动与政府主导的社会保障工作紧密结合起来。因此，我国致力于构建初次分配、再分配、第三次分配协调配套的基础性制度安排，在三次分配的协作合力中推进共同富裕。

另一方面，要站在中华优秀传统文化的层面上理解第三次分配，在准确把握第三次分配的基础上将其转化为推进共同富裕的有生力量。在马克思主义看来，资本所有者给予劳动者"福利"的动机在于缓和阶级矛盾，维持劳动者的劳动力再生产。这对于揭露资本主义生产方式的本质具有重要意义。但值得注意的是，第二次世界大战后，西方资本主义国家普遍陷入"福利陷阱"，特别是欧洲国家纷纷出现政府社会保障负担过重等问题，在这个过程中，民间公益性慈善和捐赠、非政府组织都发挥了一定的社会保障作用，这对于缓和社会矛盾、激发社会活力都具有重要意义。因此，推进中国特色社会主义的第三次分配，要注意吸收中华优秀传统文化中以"仁爱"为核心的慈善思想，继承和发扬勤劳勇敢、自强不息的民族精神，将其转化为社会主义核心价值观的有机组成部分。鼓励勤劳致富、创新致富，鼓励辛勤劳动、合法经营、敢于创业的致富带头人，允许一部分人先富起来，先富带动后富、帮助后富，不搞"杀富济贫"，倡导"共建共治共享"。

本讲小结

共同富裕是马克思主义有关未来社会的基本设想，也是社会主义的本质要求。分配制度是实现共同富裕的重要制度安排之一，党的十九届四中全会将分配制度上升至社会主义基本经济制度层面，突出了为实现共同富裕提供制度保障的政策用意。在第二个百年宏伟篇章开篇之际，必须准确把握分配在经济活动中的地位和作用，深刻理解共同富裕的内涵和要求，构建初次分配、再分配、三次分配协调配合的制度安排，发挥市场、政府、社会三方力量的协同作用，为达到共同富裕创造更为完善的条件，不断展现社会主义的优越性。

第十讲
遏制资本无序扩张

2021年，中央经济工作会议明确提出需要正确认识和把握的五个方面重大理论和实践问题，其中一个重要方面就是"要正确认识和把握资本的特性和行为规律"。习近平总书记指出："搞社会主义市场经济是我们党的一个伟大创造。既然是社会主义市场经济，就必然会产生各种形态的资本。资本主义社会的资本和社会主义社会的资本固然有很多不同，但资本都是要追逐利润的。'合天下之众者财，理天下之财者法。'我们要探索如何在社会主义市场经济条件下发挥资本的积极作用，同时有效控制资本的消极作用。"[①]本讲论证了社会主义市场经济存在资本的必然性，梳理了资本无序扩张的主要表现及其造成的危害。在此基础上，从生产关系和上层建筑两个视角提出遏制资本无序扩张、防范资本野蛮生长的具体措施。

---

① 《习近平谈治国理政》第四卷，人民出版社2022年版，第211页。

第十讲 遏制资本无序扩张

一、中国特色社会主义中的资本

（一）理论设想中的社会主义不存在资本

马克思在《哥达纲领批判》中明确划分了共产主义社会的两个阶段：分别是"经过长久阵痛刚刚从资本主义社会中产生出来的"阶段，即"共产主义社会第一阶段"，以及已经发展成熟了的"共产主义社会高级阶段"。其中，"第一阶段"仍然不可避免地带有资本主义的痕迹，而这种痕迹在共产主义社会的高级阶段会随着生产力的发展而消失。抛开围绕"社会主义"的语义争论不谈，我们在这里采用学界对于社会主义社会的共识性界定，即社会主义社会就是马克思所指的"共产主义社会第一阶段"。

根据马克思主义政治经济学的基本理论判断，共产主义社会的第一阶段不存在资本范畴。就生产关系而言，这是"一个集体的、以生产资料公有为基础的社会"，尽管这一时期依然留有"物的依赖性"阶段的痕迹，并集中体现为按劳分配层面中的等量劳动交换原则以及由此造成的"事实上的不平等"。但是按照马克思的设想，社会主义的劳动者无须通过交换出售自身生产的产品，其在生产过程中所耗费的个人劳动，也无须通过迂回的商品交换过程才得以实现，而是在一开始就直接具备了社会劳动的性质。这意味着，在马克思所设想的社会主义社会，商品交换关系已经趋于消亡，社会生产被全盘纳入"社会的有计划的调节"。正是在这个意义上，马克思作出了如下论断："除了自己的劳动，谁都不能提供其他任何东西，另一方面，除了个人的消费资料，没有任何东西可以转为个人的财产。"①从文本表述来看，社会主义社会已经初步满足了人类解放的第三个阶段即"自由个性"阶段的两个前提条件，一是"个人全面发展"，二是"他们共同的社会生产能力成为他们的社会财富"。因此，马克思笔下的社会主义社会已经告别了"物的依赖性为基础的人的独立性"阶段，进入了"自由个性"阶段的初级阶段。

正如马克思所指出的："商品流通是资本的起点。商品生产和发达的商品流通，即贸易，是资本产生的历史前提。"②可以进一步得出的是，一旦资本产生的历史前提——商品流通走向消亡，那么资本就丧失了其"自行增殖"的本质规定性，资本推动生产力发展的历史使命也就完成了。换言之，资本范畴必然随着商品经济的消亡而自然地退出历史舞台。因此，处于"第三大社会形态"上的社会主义社会不存在资本范畴。

（二）中国特色社会主义经济存在资本范畴的必然性

改革开放以来，社会主义基本经济制度与市场经济体制有机结合，我们建立起社会主义市场经济体制并加以不断完善。作为商品经济和市场经济中的一般性概念，资本在实践和理论两个层面都已经出现在我们的视野中。党的十五大报告在阐述股份制问题时就已经开始

---

① 《马克思恩格斯选集》第三卷，人民出版社 2012 年版，第 363 页。
② 《马克思恩格斯文集》第五卷，人民出版社 2009 年版，第 171 页。

使用"公有资本"这一概念,"股份制是现代企业的一种资本组织形式,有利于所有权和经营权的分离,有利于提高企业和资本的运作效率,资本主义可以用,社会主义也可以用。不能笼统地说股份制是公有还是私有,关键看控股权掌握在谁手中。国家和集体控股,具有明显的公有性,有利于扩大公有资本的支配范围,增强公有制的主体作用"[①]。很显然,社会主义市场经济中存在"资本",已经是一个不争的事实。

从历史发展的进程来看,中国特色社会主义与马克思主义经典作家笔下的"社会主义"是有很大差异的。中国不是在生产力高度发达的前提下进入社会主义社会的,而是在经济社会发展极为落后的条件下,由无产阶级政党率先在上层建筑领域发动政治革命,建立起国家政权,而后再进行经济基础改造并提高生产力发展水平。这就意味着,中国的社会主义与那种经典作家所设想的"社会主义",其历史定位并不完全一致。实际上,对中国社会主义形态较为准确的理解是:"在资本主义社会和共产主义社会之间,有一个从前者变为后者的革命转变时期。同这个时期相适应的也有一个政治上的过渡时期,这个时期的国家只能是无产阶级的革命专政。"[②]换言之,我们的社会主义形态还处在人类社会形态发展的第二大形态向第三大形态过渡的历史时期。也正是为了表明中国的"社会主义"与科学社会主义理论中的标准"社会主义"有所不同,我们采用了"社会主义初级阶段"这个提法,这也比较好地刻画了中国社会主义的特征。

唯物史观基本原理认为,决定某种社会形态根本性质的是这个社

---

① 《中国共产党第十五次全国代表大会文件汇编》,人民出版社1997年版,第22页。
② 《马克思恩格斯选集》第三卷,人民出版社2012年版,第373页。

会的经济结构,社会的经济结构的内容就是生产关系,即人们在物质资料生产过程中所结成的经济关系。换言之,社会经济结构就是指生产关系的总和,它构成了整个社会的经济基础。生产关系包含了生产资料所有制关系、人与人在生产中结成的关系以及产品分配关系三个方面的内容。在这三个方面中,生产资料所有制关系是最基本的、决定的方面。中国特色社会主义之所以是科学社会主义而不是其他什么别的主义,最根本的原因在于:中国特色社会主义生产关系的核心要素是生产资料公有制,公有制经济在国民经济中占据着主体地位,国有企业在国民经济中发挥着主导作用。但是,与理想状态和标准意义上的"社会主义"不同,中国特色社会主义还处在社会主义发展的初级阶段,还不可避免地存在着商品货币关系。出于在较短的时间里推动社会生产力水平提升的目的和需要,就不可避免地需要允许多种生产资料所有制的存在,特别是还需要发展非公有制经济成分。改革开放以来,我国非公有制经济在稳定增长、促进创新、增加就业、改善民生等方面发挥了重要作用,已经成为保持经济持续健康发展的不可或缺的重要力量。概括来说,民营经济具有"五六七八九"的特征,即贡献了50%以上的税收,60%以上的国内生产总值,70%以上的技术创新成果,80%以上的城镇劳动就业,90%以上的企业数量。[①]

非公有制经济关系的核心特征是生产资料私有制关系。除个体经济外,在私营经济、外资经济以及混合所有制中的非公有制经济成分中,劳动者都是以出卖自身劳动力作为获取收入的手段,资方和劳方之间存在着控制与被控制、剥削与被剥削的经济关系。因此,作为一

---

① 参见习近平:《在民营企业座谈会上的讲话》,人民出版社2018年版,第4—5页。

种生产关系的"资本"存在于这些经济形式中,就成为中国特色社会主义的一种必然现象。

二、资本无序扩张造成的危害

资本作为一种生产关系,如果任由其无序扩张,首先将影响国民经济活动和物质利益关系。同时,由于资本权力是一种"总体性权力",当资本运行不受约束,其影响将进一步扩散到国家政治、社会治理、生态环境和意识形态领域。

从经济领域来看,资本无序扩张既有可能造成产业垄断,也有可能引发过度竞争。因此,资本的无序扩张既有可能影响经济公平的实现,在总体上也不利于经济效率的提高。从传统的市场经济来看,最明显的弊端就在于以资本为中心,资本往往无限制扩张并获得市场垄断地位。资本借助这种垄断地位,通过不断提高市场份额、达成垄断协议、滥用市场支配地位等手段,排除和限制市场竞争,极大地损害市场内中小经营者和消费者的权益和福利。进一步来说,资本无序扩张可能形成两种不同的市场结构,一是寡头垄断,二是垄断竞争。相对而言,寡头垄断企业占据很高市场份额,损害经济公平。而在垄断竞争的市场结构中,虽然每一个厂家都对自己的客户拥有一定垄断权力从而获得"垄断利润",但总体上仍然存在激烈的市场竞争。受到"垄断利润"的吸引,大量企业进入同一个行业,极有可能造成重复建设、过度竞争,形成过剩产能,这将严重降低产业运行效率。

近年来，随着新一代信息技术的快速发展，出现了一种新型劳动力与生产资料结合方式——平台生产方式，由此衍生的经济形态也被称为平台经济。平台经济中的垄断企业通过掌控海量数据，依靠各种算法为经济活动中的供求双方提供精确信息进而谋取利润。资本打造信息平台后，将从以下三个方面展开垄断行为。第一，横向垄断。平台经济具有明显的网络效应，用户数量具有极其重要的作用。在行业发展的早期，行业内的资本巨头通过大量烧钱的方式吸引用户，并利用免费服务、数据积累、累计折扣、会员优惠等方式锁定用户，从而形成"赢家通吃"的行业格局。随着行业的进一步发展，先入者迅速开展横向兼并，形成垄断地位。而利用这种垄断地位，平台垄断企业可以实施虚假促销、捆绑交易、大数据杀熟、价格歧视等行为，将对消费者权益造成损害。第二，纵向垄断。平台垄断企业往往利用巨大的用户基数，向那些依赖平台提供信息服务的实体行业扩张，譬如电商平台运营者向实体产品的生产、仓储、物流、配送等环节拓展业务。在这个过程中，平台垄断企业把自己从一个单纯的中介服务者转变为整个市场生态的塑造者。当前，平台企业已经广泛地进入工农业生产、供应链、公共服务、智能城市等各个领域，拥有巨大资本权力。第三，"平台—金融"一体化垄断。金融是现代经济的核心。当前，金融行业的发展已经超出了传统的"金融服务"范畴，转变为具有独立运作规律和经营模式的经济形态。随着垄断平台掌握了海量数据和庞大的用户基数，其进入金融领域便成为一个必然趋势。从第三方支付开始，垄断平台逐步进入存款、贷款、保险、投资、财富管理等金融领域，从个人金融业务走向机构金融业务，成为"平台—金融"一体化垄断巨头。与横向垄断和纵向垄断仅局限于实体经济领域不同，"平台—金融"一体化的发展，把使用平台进行交易和消费活动的社会个体全部卷入金融化体系，将原本只用于一般商品流通（商品—货币—商品，也即 W-G-W）的资金纳入资本流通（货币—更多的货币，也即 G-G），通过信用杠杆工具，极大地提高了全社会的金融化程度，同时也给国民经济带来巨大的系统性风险。

此外，资本无序扩张不仅存在于非公资本，公有制经济和国有资本也在某种程度上存在无序扩张的问题。在我国市场化改革早期，不少地方政府直接开办企业并负责具体运营，政府的经济管理职能与企业经营行为混为一体，存在着严重的政企不分问题。这种做法的直接后果就是，一方面，由于产权不明晰，这类国有企业无法成为真正的市场主体；另一方面，也就很容易产生市场不正当竞争问题。近年来，随着国有企业公司制改革的深入开展，国有企业普遍建立起现代公司治理结构，政府部门不再直接经营企业，政企不分等问题得到有效纠正，这种形式的国有资本无序扩张得到很大程度的遏制。

三、经济基础层面遏制资本无序扩张

在社会经济结构中，各种生产关系并不是占据同等的地位，而是有一种生产关系占据统治地位，发挥着主导作用。"在一切社会形式中都有一种一定的生产决定其他一切生产的地位和影响，因而它的关系也决定其他一切关系的地位和影响。这是一种普照的光，它掩盖了一切其他色彩，改变着它们的特点。"①因此，从生产关系视角来看，遏制资本无序扩张的任务是由公有制经济来完成的。由于我国目前公有制经济主要是指国有企业和农村集体所有制经济，而国有企业与非公资本更是直接地在同一个赛道进行竞争合作的，因此，从经济基础内部的各所有制关系来看，国有企业在遏制非公资本的无序扩张方面，肩负着极为重要的职责。

（一）遏制非公资本无序扩张是国有企业承担的重要任务之一

改革开放以来，国有企业改革取得了十分显著的成效。公司制改革取得了突破性进展，国有企业初步建立起市场化的体制机制，实力与效益水平大幅度提升，在国民经济中发挥了主导作用。同时，以分类改革为主要思路，国有资产管理体制进一步完善，初步实现了从"管企业为主"到"管资本为主"的国有企业管理模式转变。特别是党的十八大以来，国有企业在资产规模、经营效益、发展质量等方面也迈上了新台阶。

从国有企业肩负的使命和发展目标来看，党的十九届四中全会审议通过的《中共中央关于坚持和完善中国特色社会主义制度 推进国家治理体系和治理能力现代化若干重大问题的决定》提出国企改革目标是"增强国有经济竞争力、创新力、控制力、影响力、抗风险能力"五个方面，其核心要义是勇挑重担、勇于担当，理直气壮、毫不

---

① 《马克思恩格斯全集》第三十卷，人民出版社1995年版，第48页。

动摇地把国有企业搞好，坚定不移地把国有资本做强做优做大。从提高国有企业"五力"来看，公有制经济和国有企业在遏制非公资本无序扩张方面的作用可梳理为三个方面。一是国有企业与民营企业开展竞争、合作，国有企业发挥自身优势，通过创新活动引领民营企业发展。二是国有企业发挥控制力和影响力，引导民营企业发展的方向。三是国有企业不仅增强自身的抗风险能力，同时也通过保障国民经济安全，为民营企业提供更为稳定的经营环境。总的来说，要深刻把握"两个毫不动摇"，特别是要理解，"必须毫不动摇鼓励、支持、引导非公有制经济发展，激发非公有制经济活力和创造力"，国有企业在这里发挥了重要的引导作用。

（二）通过促进"竞争和创新"遏制非公资本无序扩张

不论是资本主义市场经济还是社会主义市场经济，都具有市场经济的一般特征，即平等性、竞争性、法制性、开放性。其中，平等性是现代市场经济的核心特征。所谓平等性，就是指市场上经济活动参与者之间的关系是平等的，表现在交换的当事人没有社会地位的差别，在市场上都是身份平等的卖者或者买者。在市场交换中，交易双方必须遵循等价交换的原则，任何主体不得利用强制手段占用他人的劳动成果。

长期以来，围绕市场经济平等性的讨论，多涉及民营企业市场经济合法地位的问题，主要目的是给予民营企业与国有企业平等竞争的权利。但是，在国有企业改革的过程中，也出现了一种观点，认为国有企业不应与民营企业争利，而是应当退出一般竞争性行业。从理论和实践来看,这种观点是片面的。从理论上来看,市场经济的平等性意味着,任何一类所有制主体,只要其建立起现代公司治理结构,具备清晰的产权边界,拥有独立完整的企业法人财产权,就应当赋予其市场经济主体地位。从这个意义上来说,公有制经济主体与非公有制经济主体具有平等的市场地位,没有理由强制性地要求国有企业退出一般竞争性行业。从实践来看,改革开放之初,通过在体制外发展非公有制经济,激烈的市场竞争"倒逼"公有制经济和国有企业实施改革。通过深入改革,大批国有企业已转变成为具有较强竞争力的市场经济主体,在很多一般竞争性领域都取得了良好的经营业绩,涌现出一大批行业龙头。这些优质国有企业参与到市场竞争中来,实际上也刺激了民营企业加快转型升级的步伐,共同朝着高质量发展的方向迈进。

私人资本无序扩张的典型表现之一就是盲目投资行为。"竞争使资本主义生产方式的内在规律作为外在的强制规律支配着每一个资本家。竞争迫使他不断扩大自己的资本来维持自己的资本,而他扩大资本只能靠累进的积累。"[①]在我国特有的央地关系背景下,地方政府为了达到更高的经济增长目标,往往设计各种优惠政策吸引厂商入驻。在地方政府的招商引资过程中,那些投资见效快、投入产出大的劳动密集型、资本密集型制造业尤其受到欢迎,这些企业有很大部分是由私人投资兴建。忽视区域间的产业分工协作和产业链协调,往往会造成某些低附加值产业出现严重的重复建设和产能过剩问题。为了解决这些问题,公有制经济和国有企业贯彻国家产业政策,有针对性地、

---

① [德]马克思:《资本论(纪念版)》第一卷,人民出版社2018年版,第683页。

第十讲　遏制资本无序扩张

有目的性地进入某些产能过剩产业，对其进行产业链整合和行业重组，这本身就是调整产业结构、推动产业高质量发展的重要途径，同时也有力地促进了私人资本的有序竞争。

国有企业的创新力也是遏制私人资本无序扩张的重要力量。改革开放以来，我们紧抓国际产业转移的重大机遇，利用我国在劳动力和自然资源等方面的比较优势，以出口导向为基本遵循，以国际市场为标的市场，逐步发展起劳动密集型制造业，实现经济快速增长。但是，大量本土企业集中在低附加值的加工制造包装环节，受制于西方发达国家的技术封锁和渠道控制，难以向上游研发设计和下游营销品牌环节攀升，产业转型升级的步伐比较缓慢，甚至在某些领域被"卡脖子"。由于私人资本以追逐利润作为根本生产目的，投入大量资金开展基础理论、共性技术和前沿技术研究，将面临巨大的技术不确定性和市场不确定性，可能会出现投资风险，在短期内显然不是民营企业的最优选择。在这方面，公有制经济和国有企业可以发挥自身资金实力强大、技术人才集聚、研发基础雄厚等优势，以推动经济发展和满足人民群众需要为目标，瞄准国际技术前沿，实施重大科学工程，开展基础理论和共性技术研发。在这个过程中，国有企业可以成为民营企业重要的技术供应方和创新溢出方，引领其朝着产业链更高的价值节点向上攀升。近年来，在航空航天、深海探测、高速铁路、特高压输变电、集成电路、5G网络、疫情防控等多个领域，国有企业特别是大型央企都取得了一系列重大创新成果，为引领全行业的创新突破和民营企业加大研发投入发挥了重要作用。

(三)通过实施"控制和影响"遏制非公资本无序扩张

国有企业通过"竞争和创新"遏制非公资本无序扩张,这种效应主要是在同行业内部形成的。而在不同产业之间特别是产业链上下游和产业网络结点之间,国有企业可以发挥扩散效应,控制和影响非公有制经济主体和民营企业,达到遏制资本无序扩张的效果。产业扩散效应包括三种形式。一是回顾效应,也即后向关联效应。回顾效应主要是指某产业的变化对其上游产业的影响,也就是影响为该产业提供投入品的产业。二是前向效应,即前向关联效应。前向效应主要是指某产业的变化对其下游产业的影响,也就是影响以该产业产品作为投入品的那些产业。三是旁侧关联效应,这是指产业发展影响那些与该产业不存在直接投入产出关系的产业,这一影响往往是通过技术外溢、基础设施配套、制度环境优化等路径实现的。

国有企业可以利用回顾效应、前向效应和旁侧关联效应来控制和影响私人资本,遏制其无序扩张。第一,对于那些生产大型成套设备、交通装备、工程机械的大型央企而言,由于其掌控终端整机组装环节,可发挥回顾效应,把民营企业纳入其庞大的原材料和中间产品供应网络,提高国有资本的控制范围和程度。第二,位于产业链上游的大型央企,掌握能源、矿产资源、重要原材料以及资金等生产要素供应能力,可通过前向效应,控制和影响下游一般性制造业、快速消费品、房地产行业等领域的民营企业,通过规划管控、价格调节、供应量配额等方式,避免下游产业的无序竞争和产能过剩。这种控制上游生产要素的做法,对于引导民营企业更多地进入实体经济,避免经济房地产化和过度金融化具有十分重要的意义。第三,国有企业发挥旁侧效应控制和影响私人资本。一方面，国有企业通过基础设施建设和大型工程项目，引导民营企业开展配套经营。譬如，在三峡工程、青藏铁路、西气东输、西电东送、南水北调、奥运场馆、神舟飞船等国家标志性重大工程建设过程中，中央企业牵引和带动了一大批民营企业、中小企业参与到建设中来。另一方面，国有企业在平台经济领域具有发挥旁侧效应的功能。大型数字平台通过大数据和算法技术，把供求双方对接起来，通过提供信息服务谋取利润。由于大型平台在各领域快速扩张，一定程度上损害了产业链上下游经济主体、消费者及其员工的利益。这些数字平台发挥作用的前提是信息设施、交通物流等基础设施配套的不断完善，国有企业在这些方面恰恰掌控了重要资源。因此，平台反垄断需要基础设施领域的国有企业发挥其控制作用，有针对性地通过对信息流和物资流的管控来影响平台垄断企业决策。

从国有企业控制和影响私人资本的具体形式来看，近年来，以"管资本"为主的国资监管体制架构已基本建立，应充分发挥国有资本投资公司和运营公司两类平台的功能和作用，引导国有企业通过产业链协调、战略联盟、混合所有制改革、产业投资基金等多种方式，更大力度发挥国有资本的带动效应和杠杆作用，加快形成国有经济与非公有制经济相互融合、共享发展的良好格局。

（四）通过提升"抗风险能力"遏制非公资本无序扩张

提升国有企业抗风险能力具有两个方面作用。第一个方面是从国有企业自身来看，提升其抗风险能力是提高综合竞争力、培育世界一流企业的关键。从总体目标来看，抗风险能力主要侧重于保障国有资本保值增值；从工作重点来看，主要是防范国有企业战略风险、经营风险和财务风险。

  提升国有企业抗风险能力的第二个方面作用是发挥国有企业的"逆周期调节"功能，在配合宏观调控政策的同时遏制非公资本无序扩张。在现代市场经济中，国家宏观调控主要通过实施货币政策、财政政策、产业政策，达到调节就业水平、价格水平、经济增长速度以及国际收支状况等目的。宏观调控通过相机选择的政策措施对经济运行状态实施"逆周期调节"，在经济过热时采取紧缩政策，在经济衰退时采取扩张政策。但需要指出的是，宏观调控政策的实施需要得到微观经济主体的配合和支持，否则将难以取得预期效果。从这个角度来看，非公有制经济和公有制经济在配合宏观调控方面所发挥的作用具有很大差别。从一定程度来说，非公有制经济的经营特点是"顺周期运行"。譬如，在消费不景气、产品销路不畅时，民营企业的理性选择是压缩规模、裁减员工，由此导致就业水平下降，这将进一步引发居民收入下滑和社会消费不振。而对于国有企业来说，作为政府进行经济调控的微观载体，在经济衰退时，稳生产、保就业就成为国有企业的首要任务。同样，在经济过热时，民营企业可能会盲目地追赶产业热点，进入不熟悉的产业领域或扩张既有的经营规模。此时，国有企业的"逆周期调节"功能同样会发挥作用。通过控制产业链上游重要生产要素供给、暂时减少基础设施投资额度、在混合所有制单位中控制非公资本投资冲动等多种方式，国有企业在微观上发挥了遏制私人资本无序扩张的作用；在宏观上，通过这种逆周期操作，有效避免整个国民经济出现系统性风险。

四、上层建筑层面遏制资本无序扩张

在社会主义市场经济中,由于建立起来的是以公有制为主体、多种所有制经济共同发展的经济制度,因此,通过公有制经济和国有企业遏制私人资本的无序扩张,从本质上来说属于生产关系的内部调节。但是,遏制资本无序扩张不仅仅局限于生产关系和经济领域,还需要政治上层建筑和思想上层建筑的介入。需要指出的是,公有资本也存在追逐利润的动机,因此也存在无序扩张的可能性。这就需要把公有资本和非公资本作为一个整体加以考虑,研究遏制其无序扩张的上层建筑对策。

(一)社会主义上层建筑遏制资本无序扩张的理论逻辑

在马克思主义唯物史观的理论框架中,生产关系的总和构成了社会经济基础。当前,包括公有制和非公有制在内的各种所有制经济的总和构成了社会主义初级阶段的经济基础。在经济基础之上,产生了上层建筑,这又包括政治上层建筑和思想上层建筑。国家政权是政治上层建筑的核心内容,包括国家机器、政治组织、法律制度等在内的政治上层建筑,都是围绕国家政权问题展开的。从经济基础与上层建筑的关系来看,一方面,经济基础的性质决定了上层建筑的性质,经济基础的演变方向决定了上层建筑的演变方向。"每一个历史时期的由法的设施和政治设施以及宗教的、哲学的和其他的观念形式所构成的全部上层建筑，归根到底都应由这个基础来说明。"[1] 另一方面，上层建筑反作用于经济基础。上层建筑并不是消极地去适应经济基础的变化和发展，而是对经济基础产生反作用。这种反作用主要表现在上层建筑为经济基础服务。上层建筑一经出现，就表现出保护自己和排除异己的倾向，即促进自己的经济基础的形成、巩固和发展，对旧的经济基础和上层建筑的残余进行排除和打击。上层建筑通过对社会生活和经济生活的控制来为经济基础服务，政治上层建筑试图直接控制人们的行为，而思想上层建筑则通过影响人们的思想来控制人们的行为。虽方式方法不同，但目的都是为产生这种上层建筑的经济基础服务。在放松管制的前提下，私人资本不仅在经济领域野蛮生长，也会对社会主义的国家政权、文化发展、社会治理、意识形态产生冲击，这就需要通过加强社会主义上层建筑以应对资本无序扩张造成的影响。

2021年中央经济工作会议指出："要为资本设置'红绿灯'，依法加强对资本的有效监管，防止资本野蛮生长。"[2] 上层建筑遏制资本无序扩张的举措可以分为四个层面来理解。一是坚持中国共产党的领导，对遏制资本无序扩张进行顶层设计。二是坚持人民民主专政的基本政治制度，为设置资本"红绿灯"把好用人关。三是构建中国特色市场与政府关系，明确应在哪些领域设置"红绿灯"，何时给资本亮红灯、何时亮绿灯。四是构建遏制资本无序扩张的法律制度体系，把各项政策措施法制化、体系化、制度化。

---

[1] 《马克思恩格斯选集》第三卷，人民出版社2012年版，第401页。
[2] 《中央经济工作会议在北京举行》，《人民日报》2021年12月11日。

（二）由中国共产党实施遏制资本无序扩张的顶层设计

坚持党的领导，涉及是否要给资本设置"红绿灯"的根本性问题。改革开放以来，中国共产党运用马克思主义基本原理，深刻体察唯物史观，把我国发展阶段界定为"社会主义初级阶段"，通过引入多种所有制，借助资本推动生产力发展的强大能量，开启了改革开放的伟大进程，取得了举世瞩目的成绩。

中国共产党是中国工人阶级的先锋队，同时是中国人民和中华民族的先锋队，是中国特色社会主义事业的领导核心。中国共产党代表中国先进生产力的发展要求。中国共产党的最高理想和最终目标是实现共产主义，"共产党人可以把自己的理论概括为一句话：消灭私有制"[①]。在现阶段，中国共产党提出，既要毫不动摇巩固和发展公有制经济，也要毫不动摇鼓励、支持、引导非公有制经济发展。其根本原因，就在于要利用资本追逐利润的本质属性，最大限度地发挥其在推动生产力发展方面的积极作用，最大限度地遏制资本在损害劳动者利益方面的消极作用。中国共产党代表中国最广大人民的根本利益。作为遏制资本无序扩张、防止资本野蛮生长的顶层设计者，中国共产党驾驭资本，是其作为无产阶级先锋队组织的必然体现和根本要求，也是中国特色社会主义最本质特征的鲜明体现。中国共产党明确了"以人民为中心"的根本立场，也就把"遏制资本无序扩张"作为开展各方面工作的具体要求。中国共产党代表中国先进文化的前进方向，而中国先进文化就是中国特色社会主义的文化，就是社会主义精神文

---

① 《马克思恩格斯选集》第一卷，人民出版社2012年版，第414页。

明，也就是面向现代化、面向世界、面向未来的，民族的科学的大众的社会主义文化。资本也具有文化逻辑，以拜金主义、消费主义、极端个人主义和自由主义为代表的资本文化，属于配合资本主义经济基础的思想上层建筑和意识形态内容。这种资本文化将所谓文化产业、文化产品以及资本控制的传播媒体作为载体，不断地向人们头脑中渗透、灌输资本主义腐朽的世界观、价值观和人生观。特别是在数字经济时代，这种资本文化通过新媒体更为广泛地传播开来，形成了"饭圈""应援""顶流"等畸形的文化现象，对广大人民群众特别是青少年形成了消极影响。为此，要以社会主义核心价值观、中华优秀传统文化、革命文化为载体和抓手，监督、管制和引导资本文化，加大正面宣传力度，在青少年中积极培育集体主义价值观。在新闻报道、影视和艺术产品生产和传播的过程中，实施负面清单管理制度，加大内容审查力度，力争把更多符合社会主义价值取向的文化产品奉献给人民群众。

（三）坚持和完善我国根本政治制度和基本政治制度

我国是工人阶级领导的、以工农联盟为基础的人民民主专政的社会主义国家。为了实现这一"国体"内容，我们采用的是人民代表大会这一"政体"形式。人民代表大会制度也因此成为我国根本政治制度，中国共产党领导的多党合作和政治协商制度、民族区域自治制度以及基层群众自治制度等构成了我国基本政治制度。在遏制资本无序扩张方面，根本政治制度和基本政治制度发挥的作用是决定谁来为资本设置"红绿灯"、选择什么样的代表来为资本设置"红绿灯"。

为了保证人民当家作主，选什么样的人、用什么样的方式选人，就成为一个十分关键的问题。遏制资本无序扩张，防止资本野蛮生长，就不能让资本所有者、资本代言人掌握国家政权、影响重大决策。因此，在人民代表大会制度、中国共产党领导的多党合作和政治协商制度、民族区域自治制度以及基层群众自治制度中，必须就人大和政协的选举方式、代表结构、议事程序、提案流程，民族自治机关和基层群众自治组织的组织架构和人员构成作出具体规定，使其充分体现我国社会主义国家的国体要求，充分体现工人阶级和工农联盟在国家中的领导地位。当然，作为社会主义事业的建设者，非公有制经济主体也具有选举、被选举以及参政议政的权利。因此，在人民民主专政的各种组织机构中，适当吸收部分非公有制经济人士加入，也有利于更为广泛地听取群众意见，群策群力建设社会主义现代化国家。

（四）构建中国特色市场与政府关系

在现代市场经济中，政府和市场之间存在分工界限，尽管市场在资源配置中发挥决定性作用，但政府仍然发挥着不可替代的重要作用。从某种意义上来说，给资本划定活动范围，设定"红绿灯"，实际上也就是划清市场和政府各自的活动范围。构建中国特色市场与政府关系，其核心是构建新型"亲清"政商关系。一方面，政府要亲近资本，关心非公有制经济和民营企业的成长和发展，在应该开绿灯的领域大开绿灯，积极鼓励和支持非公有制经济和民营企业开疆拓土。另一方面，政府要与资本保持距离，政府官员要与民营企业经营者保持距离，塑造清正廉洁的政商关系。要斩断权力与资本勾连纽带，防止权力被资本俘获而成为资本的工具。

政府对资本的监管调控，要注意把经济手段和行政手段结合起来，体现政治上层建筑的权威性和国家政权的严肃性。具体来说，政府遏制资本无序扩张的功能是从宏观和微观两个方面展开的。从宏观来看，政府通过制定经济计划、中长期发展规划、国民经济和社会发展重大战略，充分协调经济增长、价格稳定、充分就业、国际收支平衡等目标之间的关系，注重处理好资本逐利性与社会公益性之间的关系、长期和短期之间的关系、改革与发展之间的关系、效率与公平之间的关系。譬如，针对数字经济领域的资本无序扩张问题，国务院2021年12月发布的《"十四五"数字经济发展规划》明确提出："突出竞争政策基础地位，坚持促进发展和监管规范并重，健全完善协同监管规则制度，强化反垄断和防止资本无序扩张，推动平台经济规范健康持续发展，建立健全适应数字经济发展的市场监管、宏观调控、政策法规体系，牢牢守住安全底线。"从微观来看，政府有针对性地实施货币政策、财政政策、价格政策、收入政策、产业政策、区域发展政策和对外开放政策，既给私人资本设立"市场准入负面清单"，同时又要通过政策杠杆引导其正确作为。引导私人资本更多地投向实体经济、科技创新、绿色生态、社会公益服务等领域，遏制资本过度投入金融、房地产等行业。促使私人资本更多地投向中西部欠发达地区、东北老工业基地、广大乡村以及其他资本短缺区域，积极推动私人资本更多地"走出去"，参与"一带一路"基础建设。

（五）构建遏制资本无序扩张的法律制度体系

法律是成文形式的政治上层建筑，属于正式制度的范畴。社会主义市场经济是法治经济，遏制资本无序扩张需要以法律作为根本准则。从某种意义上来说，遏制资本无序扩张的法律措施，实际上是把各种资本监管手段予以制度化，使之上升为国家意志。具体来说，可从宪法、反垄断法及其相关法律法规、劳动法律制度三个方面进行理解。

《中华人民共和国宪法》第六条规定："中华人民共和国的社会主义经济制度的基础是生产资料的社会主义公有制，即全民所有制和劳动群众集体所有制。社会主义公有制消灭人剥削人的制度，实行各尽所能、按劳分配的原则。""国家在社会主义初级阶段，坚持公有制为主体、多种所有制经济共同发展的基本经济制度，坚持按劳分配为主体、多种分配方式并存的分配制度。"第十一条规定："在法律规定范围内的个体经济、私营经济等非公有制经济，是社会主义市场经济的重要组成部分。""国家保护个体经济、私营经济等非公有制经济的合法的权利和利益。国家鼓励、支持和引导非公有制经济的发展，并对非公有制经济依法实行监督和管理。"以上两条规定，实际上已经明确了非公有制经济和私人资本在社会主义市场经济中的地位，也为公有制经济引导非公有制经济发展提供了法理依据。此外，宪法第十五条规定："国家实行社会主义市场经济。""国家加强经济立法，完善宏观调控。""国家依法禁止任何组织或者个人扰乱社会经济秩序。"这条规定实际上是遏制资本无序扩张、防范其野蛮生长的根本遵循。

反垄断法及其相关法律法规是遏制资本无序扩张的具体指南。《中华人民共和国反垄断法》将经营者达成垄断协议、滥用市场支配地位以及具有或者可能具有排除、限制竞争效果的经营者集中都列为垄断行为。近年来，伴随着数字经济、平台垄断的兴起，私人资本集中趋势在互联网技术的推动下不断加快，呈现出无序扩张趋势。2020年初，国家市场监督管理总局公布了《〈反垄断法〉修订草案（公开征求意见稿）》，将互联网业态纳入反垄断的考量之中。2021年2月7日，国务院反垄断委员会印发了《国务院反垄断委员会关于平台经济领域的反垄断指南》，为平台经济领域的反垄断工作提供了具体的指导意见。需要注意的是，在反垄断法中，除了"国有经济占控制地位的关系国民经济命脉和国家安全的行业以及依法实行专营专卖的行业，国家对其经营者的合法经营活动予以保护"外，反垄断适用于所有主体，包括行政部门、国有企业和民营企业。也就是说，反垄断法也提出了对"行政垄断"的规制要求，这实际上是要遏制那些具有行政力量背景的公有资本无序扩张。

劳动法律制度是资本管控法律体系的重要组成部分。组织起来的劳动者本身就是制衡资本的重要力量。劳动法律制度主要包括劳动关系方面的法律制度、劳动基准方面的法律制度、劳动力市场方面的法律制度、社会保险方面的法律制度、劳动权利保障与救济方面的法律制度。制定和实施劳动法律制度在遏制资本无序扩张方面发挥了重要作用，以2018年最新修订的《中华人民共和国劳动法》为例，它对劳动者的工作时间、工资以及用人单位应履行的责任作出了明确规定，并在与之相配套的法律法规中详细列举了用人单位涉及违反劳动法的具体行为。继续完善劳动法律制度体系，发挥工会等劳动联合组织的作用，对于控制资本权力、保障劳动者权益具有重大意义。

本讲小结

作为一种生产关系，资本运动的目的在于谋取利润。因此，在资本积累的过程中，资本便具备了"扩张的能力，这种能力使资本能把它的积累的要素扩展到超出似乎是由它本身的大小所确定的范围，即超出由体现资本存在的、已经生产的生产资料的价值和数量所确定的范围"[①]。资本是一种"总体性权利"，资本扩张不仅仅局限于经济领域，资本还可能通过经济上的权力进入国家政治、社会治理、生态环境和思想文化等领域，并由此产生破坏性的负面影响。因此，为资本设置红绿灯，遏制其无序扩张和野蛮生长，需要从生产关系、经济基础和上层建筑等多个层面着手。从生产关系视角来看，遏制非公资本无序扩张是国有企业承担的重要任务之一，国有企业可以通过促进"竞争和创新"、实施"控制和影响"、提升"抗风险能力"完成这一任务。而从上层建筑视角来看，则要通过国家政权力量和意识形态管控来遏制资本无序扩张，特别是要加强党的领导、建立中国特色市场与政府关系以及构建完善的法律制度体系。同时，为遏制资本文化对

---

① ［德］马克思：《资本论（纪念版）》第一卷，人民出版社2018年版，第697页。

社会主义主流意识形态的冲击，需要从行业准入、内容审查、优化供给等方面齐抓共管。总之，遏制资本无序扩张，需要从经济基础和上层建筑等多方面共同着手，切实防范资本野蛮生长，以起到更好地驾驭资本并使之最大限度地发挥提高生产力水平的作用。

第十一讲
中国式现代化道路与中国特色社会主义政治经济学

现代化是人类社会发展的必然趋势，也是近代以来中华民族和中国共产党为之不懈奋斗的重要目标。2021年7月1日，习近平总书记在庆祝中国共产党成立100周年大会上的讲话中指出："我们坚持和发展中国特色社会主义，推动物质文明、政治文明、精神文明、社会文明、生态文明协调发展，创造了中国式现代化新道路，创造了人类文明新形态。"[①] 中国式现代化道路和人类文明新形态是相对于西方现代化道路和西方现代文明形态而言的。从根本上讲，西方现代化道路是西方文明形态主导的资本主义现代化道路，中国式现代化道路是以人类文明新形态为内核的社会主义现代化道路。拓宽中国式现代化道路的宽度和广度，需要构建富有时空张力的中国特色社会主义政治经济学，为推动我国现代化实现跨越式发展提供理论指导。

---

① 习近平：《在庆祝中国共产党成立100周年大会上的讲话》，《人民日报》2021年7月2日。

第十一讲 中国式现代化道路与中国特色社会主义政治经济学

一、人类文明形态的新旧之辩

（一）文明观与文明类型

文明概念中国古已有之。"文明"一词最早出自《易经·乾卦》："见龙在田，天下文明。"起初，文明是作为野蛮和蒙昧的对立面，用以表示社会开化和井然有序的状态。在现代意义上，文明则逐渐被赋予了民族自我意识的含义。西语中"文明"（civilization）一词最早见于18世纪50年代法国米拉波侯爵的《人类之友》一书，其拉丁文词根"civis"意指公民，因此，早先西方观念中的"文明"可以被理解为像公民一样行事，这实际上已经蕴含了对于人与人、人与社会之间相互关系的初步理解。启蒙运动之后，西方学者纷纷开启了关于文明观念的研究。其中，英国历史学家汤因比认为文明即社会，德国社会学家埃利亚斯则强调文明这一概念表现了西方国家的自我意识，法国历史学家布罗代尔则提出文明是有边界的。可见，此时的文明概念与国家和民族已经紧密联系在一起。除了用作野蛮的对立面之外，文明愈发被用来形容由于一系列相互联系的特殊世界观、习惯、结构和文化所形成的某种历史整体。

18世纪以来，伴随着工业革命和资本主义的殖民扩张，这种西方文明观迅速由欧洲核心地区向世界范围扩展，对现代民族国家的发展以及现代文明观念的形成产生了深远的影响。从当前人类社会的发展状况来看,以西方为主导的工业文明几乎为世界上所有文明自愿地接纳了,现代世界秩序及其话语体系也正是以西方工业文明为主导而建立起来的,西方文明观念在某种程度上构成了现代世界关于通用文明概念的核心意涵。基于这种文明概念,学界对于世界文明类型存在着多种划分方式。譬如,英国历史学家汤因比将人类文明划分为21种类型,其中埃及社会、苏美尔社会、米诺斯社会、中国社会、玛雅社会及安第斯社会是脱胎于原始社会的第一代文明,其余15种文明是这6种原始文明的派生性的亲属文明。[①]亨廷顿则认为,当代世界的主要文明包括中华文明、日本文明、印度文明、伊斯兰文明、西方文明、拉丁美洲文明和非洲文明。[②]事实上,无论是文明概念所内含的特殊性,还是人类历史上多元文明种类的客观存在,都体现并确证着人类文明的多样性特征。从目前来看,对世界格局产生广泛影响的文明主要可以归结为3种,分别是西方文明、中华文明与伊斯兰文明。其中,伊斯兰文明尚未完成自身的世俗化进程,仍然处于秩序的形成和塑造中,因而,从一定意义上来看,可以认为人类文明现代形态的塑造仍然是在西方文明与中华文明之间展开的。

(二)从精神根基透视文明形态内核

在西方文明中心主义者看来,西方文明是唯一能够影响其他文明

[①] 参见[英]阿诺德·汤因比:《历史研究》上卷,郭小凌等译,上海人民出版社2016年版,第53页。
[②] 参见[美]塞缪尔·亨廷顿:《文明的冲突与世界秩序的重建》,周琪等译,新华出版社2010年版,第23—24页。

第十一讲　中国式现代化道路与中国特色社会主义政治经济学

或地区的政治、经济和安全的文明。①这种观点来源于普世主义的价值判断，隐含的观点无非就是：以西方文明为主导的世界经济政治体系优于其他文明各自发展并拼凑而成的世界秩序。

西方文明的中心主义从何而来？对这一问题的解答需要回溯西方文明的精神根基。柯克认为，在殖民者来源地的欧洲，古希腊哲学家柏拉图和亚里士多德的观念无处不在，这些观念渗透进罗马文明，而后进入中世纪文化，紧接着又在文艺复兴和宗教改革之后进入欧洲人和美国人的思想。②古希腊是西方文明的发源地，古希腊形而上学观念的本质特征就在于方法论上的形式逻辑和认识论上的本体论预设。其中，方法论上的形式逻辑在后续的政治发展中演化为了"非此即彼"的政治博弈，而认识论上的本体论预设则与基督教信仰体系相结合，形成了西方推行普世主义价值观念的重要理论基础。在之后的几个世纪中，古希腊哲学与基督教传统紧密融合，西方文明经过了中世纪的神权洗礼，最终在资本主义生产方式的影响下形成了现代工业文明的最初样态，完成了现代意义上的世俗化转变。可以说，古希腊传统与基督教信仰的深度融合构成了西方文明形态的精神内核，这一内核塑造并迎合了西方中心主义的价值预设。伴随着殖民扩张和工业化发展，西方文明的中心主义价值观念和普世主义精神在全球得到了更大规模的推进，由此产生了以西方资本主义为中心的现代文明观与基督教信仰传统相结合的人类文明发展形态，这种文明形态占据了现代世界秩序的话语权。

---

① 参见［美］塞缪尔·亨廷顿：《文明的冲突与世界秩序的重建》，周琪等译，新华出版社2010年版，第61页。
② 参见［美］拉塞尔·柯克：《美国秩序的根基》，张大军译，江苏凤凰文艺出版社2018年版，第74页。

与西方文明的排他性相对的是中华文明的包容性。从源头来看,"周公之礼"是对中华文明社会制度的第一次重大规范性改造,孔子通过将礼乐制度内化于人,由此形成了中华文明的儒家传统。需要强调的是,儒家文化并非一元独大的专制文化。尽管经历了西汉时期"罢黜百家、独尊儒术"的发展阶段,但总体而言,儒家文化还是在思想理念不断整合的发展过程中,取百家之长以发展自身,使中华传统文明最终融合形成了儒、释、道三教合流的文化共同体。正是儒家传统的包容性赋予了中华文明和谐共生的内在属性。发展到明清时期,尽管儒家传统进一步演化而成具有启蒙性质的儒家批判思想,但是这些思想并未在中国大地上真正转化成为推动社会变革的精神力量。因此在鸦片战争爆发后,遭受了西方文明入侵的中华文明进入了自我反思和自我批判的历史阵痛期,直到十月革命一声炮响给中国送来马克思主义,中华文明才开启了自身的现代化转变。马克思主义的科学性以及儒家文化天然的包容性,使得二者在中国式现代化道路的探索过程中深刻地融合在一起,并且在更为广泛的价值追求层面产生了深刻共鸣。从这个意义上讲,中华文明之所以能够塑造出从根本上区别于西方文明形态的人类文明新形态,关键在于其包容性的儒家传统与共产主义信仰相结合的形态内核。

二、现代化的代表性道路及其经济理论表达

现代文明形态是在人类社会现代化转型的历史进程中得以形成和

第十一讲 中国式现代化道路与中国特色社会主义政治经济学

塑造的。15世纪以来,随着西方国家率先开启现代化转型,人类历史进入现代化时代。迄今为止,人类社会发生了三次现代化浪潮,现代化从西欧核心地区向世界各国持续扩散,引发了人类社会急剧、广泛且深刻的社会变革。也正是在这一历史进程中,作为现代化进程的意识反映之一,经济学领域形成了关于现代化理论的丰富表达。

(一)现代化与经济学

从人类现代化进程来看,在第一次和第二次现代化浪潮中,英国、美国、德国和日本等资本主义国家已基本完成了现代化转型,在20世纪70—80年代相继步入高收入经济体[①]行列,开启了向"知识社会"过渡的"去工业化"阶段。在第二次现代化浪潮中,苏联也开展了如火如荼的社会主义现代化建设,在取得了令人瞩目的工业化成就后,20世纪90年代随着苏联解体戛然而止。而位于东欧、东亚、西亚、北非、拉丁美洲等地区的发展中国家则在20世纪陆续卷入了全球性的现代化浪潮之中,如今正处于向现代化全速迈进的追赶时期。

马克思在《〈政治经济学批判〉序言》中明确指出:"物质生活的生产方式制约着整个社会生活、政治生活和精神生活的过程。不是人们的意识决定人们的存在,相反,是人们的社会存在决定人们的意识。"[②]这意味着,人类社会从传统农业社会向现代工业社会转变的历史过程,也是不断建构现代化文明形态的过程。在这个过程中,作为

---

① 根据世界银行公布的标准,人均国民收入(GNI)大于12056美元的国家属于高收入国家(经济体)。
② 《马克思恩格斯文集》第二卷,人民出版社2009年版,第591页。

对现代化进程的意识反映，现代经济学应运而生。从现代化的历史进程来看，生产力的发展推动生产方式变革，率先引起经济领域的现代化，进而向政治、社会和文化等领域蔓延。也正是在这个意义上，经济学为社会科学的皇冠镶嵌了"最为璀璨的明珠"。

近代以来，实现现代化是很多国家孜孜以求的目标。经过几个世纪的发展，人类现代化的宏大版图相继涌现出多种具有代表性的现代化模式。其中，以英国、美国为代表的西方国家率先走出了一条资本逻辑主导的现代化道路，德国、日本等第二梯队资本主义国家选择了国家力量主导的现代化模式，苏联、东欧等国走上了社会主义现代化道路，中国则探索出了一条通往共同富裕的中国式现代化道路。正是在这些特殊的社会存在基础之上，经济学经历了由实践到认识、由认识到实践多次反复的过程，从而形成了西方经济学、国民经济学、马克思主义政治经济学、苏联社会主义政治经济学以及中国经济学等经济理论体系。这些学说凝结着不同时期的历史主体对于国家和民族如何从贫穷走向富裕、从落后走向先进的思考，对于丰富人类现代化实践发挥了理论指导作用。

（二）英美现代化道路及其经济理论表达

西欧是现代化的发源地，这并非偶然性的历史事件。自15世纪末期"地理大发现"以来，世界市场急剧扩张，西欧商业资本迅速发展，封建文明形态开始向资本主义文明形态过渡。在不到3个世纪的时间里，西欧社会内部孕育形成了向现代工业社会转型的一切前提条件——通过海外扩张完成资本原始积累、私有财产观念逐渐形成、科

第十一讲　中国式现代化道路与中国特色社会主义政治经济学

学领域取得革命性进展，等等，这些史无前例的变化共同创造了西欧率先通往现代化的绝佳历史机遇。从这个意义上讲，现代化率先发生在西方国家具有历史必然性。

工业化是现代化的核心。18世纪下半叶工业革命在英国起步，促使了各个领域的突破性变革，人类历史上第一次现代化大浪潮在英国这片土地上率先开启了。作为西方现代化的先驱，英国剧烈的社会经济变革在客观上需要经济学作出新的理论阐释。在此背景下，古典经济学理论体系逐渐走向成熟，英国的亚当·斯密基于人的自利性提出"经济人"假设和"看不见的手"原理，这构成了资本主义市场经济模式的理论基础。20世纪初，西方经济学的主流形态从古典经济学转向新古典经济学，但其自由主义内核没有改变，并始终伴随着欧美国家的现代化转型。然而，这种现代化模式在推动生产力水平提升的同时，也为资本主义制度埋下了危机的引线。20世纪20年代末30年代初，一场席卷全球的经济危机将整个西方世界笼罩在阴影中。一方面，它使得人类的现代化进程遭到阻滞；另一方面，这场危机也促使人们重新审视自由放任政策，在一定程度上修复了西方资本主义现代化道路的缺陷。凯恩斯主义的兴起正是这种修复的理论表现，自此，西方经济学形成了微观经济学和宏观经济学两大部分。

进入20世纪70年代，西方世界进入失业与通货膨胀并存的滞胀时期，狂热鼓吹"市场化、私有化、自由化"的新自由主义经济学对凯恩斯主义展开了猛烈的抨击。在20世纪80年代中后期，美国政府将其包装成名为"华盛顿共识"的经济改革模式兜售给广大发展中国家，但这种模式并未帮助后者实现真正意义上的经济发展。事实上，新自由主义的理论主张从未在英国、美国的经济政策中得到贯彻和实施。从英国、美国的发展历史来看，英国政府在17世纪率先实施了"进口替代"战略，以国家力量为主导迅速完成了工业化早期所需的资本原始积累。美国的工业化成就则很大程度上受益于制造业传统，这恰恰是国家产业政策干预的结果。

因此，英国、美国的现代化崛起实际上是市场力量和资本主义国家力量共同推动的结果，资本的逐利本性为这些国家的社会经济发展提供了根本动力。反映在理论层面，就表现为西方经济学对资本主义自由市场和私有产权的崇拜，其背后隐含的一个观点是：历史将终结于"物的依赖性"阶段，终结于资本主义文明形态。随着现代化历史进程的不断深入，西方经济学也正在丧失生命力与解释力。

（三）德国、日本现代化道路及其经济理论表达

从人类现代化进程来看，尽管德国、日本现代化起步相对较晚，但是发展异常迅猛。究其原因在于二者走上了一条外源式后发现代化道路。这条道路的典型特征是，由政府担任现代化的发起者和推动者，"自上而下"地推动经济和政治领域的革命性变迁，进而引领社会整体结构的适应性变化。

以国家主义为基础的国民经济学的创立正是这种现代化道路的典型理论表达。19世纪初期，德国逐渐沦为英国、法国的商品倾销地。德国历史学派的先驱弗里德里希·李斯特较早认清了这一严峻形势，开始建构阐释落后国家富强之道的经济理论。1841年李斯特《政治经济学的国民体系》的首次出版标志着这一理论建构初步完成。在李斯特看来，西方古典经济学建立在"空洞的世界主义"基础上，其理

第十一讲　中国式现代化道路与中国特色社会主义政治经济学

论指向"一方面是全人类，另一方面只是单独的个人"，应当在二者之间找到一个中介体，这个中介体就是"国家"。① 基于此，李斯特设计了一整套以"国家"概念为核心的理论体系与政策主张，为德国实现追赶型的现代化找到了一条正确出路。概括地讲，"国家"在德国特殊的经济崛起道路上发挥了三个方面的作用。第一，规范社会经济秩序，维护国家经济起步和稳定发展的良好环境。第二，采取关税保护、建立关税同盟等措施，扶持本国工业迅速崛起。第三，提供就业和教育培训，建立社会保障体系，保证国家的有序高效运转。在国家主义的推动下，德国仅用几十年时间就完成了现代化转型，在资本主义国家中占据了一席之地。

作为首个在基督教文明圈外尝试开启现代化的国家，日本的现代化道路既具有一般后发式现代化的普遍特征，又体现出不同于西方资本主义文明形态的独特性。19世纪70年代，日本逐渐将与之国情相似的德国确立为现代化模板，走上了一条由国家主导的"自上而下"的社会转型道路。随着国家主义在日本得到推行，李斯特《政治经济学的国民体系》（日译本）于1887年再版发行，国民经济学对明治时期日本经济思想的发展产生了重大影响。但是，不同于地处西欧的德国，传统文明与现代文明在日本展开了激烈的博弈，民族性与外来性更为复杂地交织在一起，从而塑造出了日本带有民族主义特征的资本主义现代化模式。

纵观德国、日本的崛起进程不难发现，民族精神在其迈向现代化的过程中扮演了一种类似于"创业精神工具"的重要角色。这种精神

---

① 参见［德］弗里德里希·李斯特：《政治经济学的国民体系》，陈万煦译，商务印书馆1961年版，第5—7页。

聚焦在理论层面就表现为：国民经济学立足于追赶先发国家的现实需要，凸显并强调国家利益优先原则。与西方经济学所内含的自由主义不同，经济民族主义能在某种程度上遏制资本主义发展过程中滋生的自由主义消极影响。但需要指出的是，德国、日本的经济民族主义在表现出上述积极面的同时，仍然在某种程度上带有"人的依赖关系"的痕迹残留。譬如，日本的企业组织就是"贤选"与"亲选"交织的产物，经理人员的选拔往往主要依据贤选原则，但是上司在职位晋升和工资待遇等方面则有很大决定权。因此从某种意义上讲，尽管德国、日本运用国家力量在短时间内为自身加装了现代化引擎，但也正是这种急剧却不彻底的社会变革使其依然在相当程度上留有第一大社会形态的权威主义内核。而当国家无法从内部消化资本主义经济危机造成的严重后果时，德国、日本的经济民族主义也就不可避免地通向了军国主义极端。

（四）苏联、东欧现代化道路及其经济理论表达

20世纪初，苏联成为人类历史上第一个社会主义国家，这意味着人类在通往现代化的道路上出现了新制度的可能性。与资本主义现代化道路不同，苏联和东欧的现代化探索形成了一种越过市场和资本，依靠计划手段配置资源的发展模式。尽管随着20世纪80年代末90年代初苏联解体和东欧剧变，这种现代化的探索已成为历史，但是这种"用与西欧其他一切国家不同的方法来创造发展文明"[①]的突

---

① 《列宁选集》第四卷，人民出版社2012年版，第777页。

第十一讲 中国式现代化道路与中国特色社会主义政治经济学

破性尝试，对于人类现代文明多样性而言仍具有重要价值。

苏联社会主义政治经济学正是对这种社会主义现代化探索的经济理论表达。第一次世界大战结束后，资本主义阵营自顾不暇，苏联迎来了社会主义现代化建设窗口期。这一时期，苏维埃政权开始推行新经济政策，在一定范围内恢复商品货币关系和自由贸易，从而为社会主义现代化的启动营造了相对稳定的国内环境。可以说，新经济政策开创了社会主义市场经济的先河，其背后隐含了一个苏联仍处于"物的依赖性"阶段的基本判断，即社会主义仍然需要与商品货币关系长期共存。

遗憾的是，在列宁逝世后，这种带有过渡性质的社会主义现代化探索戛然而止，斯大林转而采取以国家统制经济为核心的苏联模式，开启了苏联向第三大社会形态的过渡阶段。在这种模式中，社会主义现代化被理解为"苏维埃政权加全国电气化"，即以苏维埃政权力量为基本保障，采用计划资源配置方式优先发展重工业。20世纪50年代，苏联相继出版了《苏联社会主义经济问题》和《政治经济学教科书》，这两部经典著作为社会主义政治经济学奠定了基础。作为苏联现代化道路的经济理论表达，苏联模式的二重性在其政治经济学理论体系上得到了充分映射。一方面，以公有制和指令性计划手段为传导机制，经济问题与政治问题、经济手段与行政手段前所未有地紧密结合起来。"经济问题的政治解决"思路为其他社会主义国家提供了有益借鉴。另一方面，对于产品经济形态的追求，使其表现出了对商品货币关系和价值规律的排斥。随着苏联现代化进程的深入，苏联的现代化模式愈发暴露出诸多弊端，例如价格机制扭曲、激励机制缺乏、管理体制僵化，从而导致了消费品和轻工业品严重短缺、人民生活水平长期得不到提高等问题。

几乎在同一历史时期,伴随着战后殖民主义体系的瓦解,发展中国家也被卷入第三次现代化的浪潮中。20世纪50—60年代,在民族主义的驱动下,波兰、南斯拉夫、匈牙利等国相继尝试脱离苏联轨道,开启了社会主义现代化模式的自主探索。其中,波兰和匈牙利在保持计划经济体制的前提下逐步引入市场因素,南斯拉夫则实行以"契约经济"为基础的社会主义自治制度。为了避免计划与市场并行的冲突,东欧经济学家提出了"市场社会主义"理论,倡导理顺价格机制的迂回方案。譬如,波兰经济学家兰格提出的中央计算均衡价格方案,布鲁斯提出的分权模式,捷克经济学家奥塔·锡克提出的间接参数控制方案,以及匈牙利经济学家科尔奈提出的短缺理论,等等。但事实上,无论是"模拟市场"改革计划经济的东欧模式,还是国家统制经济的苏联模式,二者的共同误区是:在迈向第三大社会形态所需的条件尚未成熟时,就过早地将计划手段作为配置资源的主要方式。在这种模式以失败告终后,这些国家又回到了西方资本主义发展的老路。

三、世界历史视野中的中国式现代化道路

由于以工业化、城市化为表征的现代化首先出现在实行资本主义制度的欧美国家,因此在很长一段时间内,现代化与西方化之间被不可避免地画上了等号。在领导社会主义建设伊始,中国共产党就已经清醒地认识到,西式现代化道路的实质就是一条资本主义现代化道路,接受西方现代化实际上就要承受资本主义所带来的各种社会问题,因此,必须独立地探索一条适合中国国情的现代化道路。为此,中国共产党从国情出发,注重汲取和借鉴人类现代化的文明成果,从而开创了既不同于西方资本主义现代化道路,又有别于苏联社会主义现代化道路的中国式现代化道路,为发展中国家提供了现代化的全新选择。

(一)基于比较视域的中国式现代化道路

中国作为世界现代化版图的有机组成部分,对其现代化进程的研究和考察应置于宏大的世界历史中进行。不同于内部条件成熟而自发走向现代化的英国、美国,也不同于应对外部挑战而主动推进现代化的德国、日本,中国的现代化进程是在民族危亡和内部衰败的严峻形势下被迫开启的,这也决定了中国的现代化转型充斥着艰巨性和复杂性。本书选取社会制度、主要动力来源以及对待世界市场的不同态度

三个关键变量，对四种具有代表性的现代化道路进行比较分析（如表11-1所示）。

表11-1 四种代表性现代化道路的比较

变量	国别			
	英国、美国	德国、日本	苏联	中国
现代化实现模式	资本主义＋市场力量主导＋外向型	资本主义＋国家力量主导＋内向型	社会主义＋国家力量主导＋内向型	社会主义＋国家拉动与市场驱动结合＋外向型
现代化开启时间	第一波浪潮（先发）	第二波浪潮初期（后发）	第二波浪潮末期（后发）	第三波浪潮（晚到）
现代化启动逻辑	成熟—变迁（内源式）	挑战—回应（外源式）	危机—破题（内外源结合）	挑战—回应（外源式）
现代化社会形态特征	第一大社会形态和第二大社会形态充分发展，以资本主义制度作为"历史的终结"	第二大社会形态未得到充分发展，有第一大社会形态的上层建筑内核痕迹遗留	人为地向第三大社会形态跨越，最终退回至第二大社会形态	三大社会形态典型特征并存共生

首先，社会制度是划分现代化模式的根本标准，以此可以将人类的现代化模式区分为资本主义现代化和社会主义现代化两大类型。两种现代化模式的最大区别就在于是牺牲别人、发展自己，还是共同发展、共同富裕。资本主义以资本和私有产权为核心的现代化模式，建立在野蛮的资本原始积累基础上，在目的层面导向了对剩余价值最大化的追逐，在手段层面选择了对外殖民扩张和对内剥削压迫，在结果层面引致了两极分化和物质主义膨胀。与之相对，建立在公有制经济基础上的社会主义现代化模式，将实现共同富裕作为社会主义现代化的重要奋斗目标，以人民利益为根本出发点，灵活运用各种手段避免

第十一讲 中国式现代化道路与中国特色社会主义政治经济学

与现代化相伴而来的各种社会问题。正如习近平总书记在党的十九届五中全会上所指出的:"我国现代化是人口规模巨大的现代化,是全体人民共同富裕的现代化,是物质文明和精神文明相协调的现代化,是人与自然和谐共生的现代化,是走和平发展道路的现代化。"[①]

其次,就推动现代化变革的主要动力来源而言,现有模式主要分为市场力量主导、国家力量主导以及混合主导三类。不同于英美两国主要依赖于自由市场经济,实现自下而上的现代化变革,在德国、日本、苏联、东欧乃至中国的现代化进程中,民族国家和中央政府毫无例外地扮演了推动社会变革的中心角色,而这一因素在西方经济学理论中长期遭到掩盖和遮蔽。需要强调的是,现代化进程与人类社会从自然经济向商品经济的转型过程相生相伴。因此从某种意义上讲,现代化与市场经济具有共生性。改革开放后,我国将社会主义制度与市场经济有机结合,将国家力量主导与市场力量驱动有机结合,通过发展社会主义市场经济加速了本国现代化发展步伐,这也构成了中国式现代化道路与同为社会主义阵营的苏联模式的本质区别。

最后,按照对待世界市场的不同态度,可以将现代化模式大致区分为内向型模式和外向型模式两类。其中,长期奉行贸易保护主义的德国、日本,以及受到资本主义阵营经济封锁的苏联、东欧等国,在某种程度上均属于内向型模式。而以资本对外扩张作为现代化原动力的英美两国则属于外向型模式。从我国现代化历程来看,在社会主义革命和建设时期,出于维护国家安全和独立发展的需要,我国主要通过内向型模式保护了本国工业化进程。在改革开放后的很长一段时间

---

① 《习近平谈治国理政》第四卷,外文出版社2022年版,第164页。

内，我国采用基于"比较优势"的出口导向型经济增长模式，顺利抓住了关键窗口期带来的红利和机遇。进入中国特色社会主义新时代，我们提出了构建新发展格局的重大战略构想，统筹推进外向型发展与内向型发展。由此可见，中国式现代化道路跳出了发展中国家对外开放时普遍面临的"独立—贫困""发展—依附"二分法，在开放的基础上实现独立自主，在独立自主的基础上摆脱贫困。也是从这个意义上来讲，中国式现代化道路为发展中国家提供了新的方案。

基于上述三重维度的考察和比较，各种现代化模式的发生逻辑和核心特征得以显现，这为中国式现代化道路在人类现代化的宏大版图上的精准定位提供了标识。正如马克思在研究西方资本主义发展道路时所指出的，"使用一般历史哲学理论这一把万能钥匙，那是永远达不到这种目的的"[①]。任何社会发展道路都经历了具体的、历史的过程。因此，关于"道路"和"模式"的探讨都必须在特定的社会形态和历史环境中进行。

（二）时空压缩：中国式现代化道路的发生场景

在对比考察各种"模式"典型特征的基础上需要进一步回答这样几个问题：这些道路的特殊性在历史上是如何形成的？这些不同特征的现代化道路将引致怎样的现代化前景？回答这些问题需要深入到社会经济形态层面，研究特定发展道路背后的独特历史环境。在唯物史观看来，在人类社会的第一大社会形态中，人们通过血缘、亲缘和地

---

① 《马克思恩格斯选集》第三卷，人民出版社2012年版，第730页。

第十一讲 中国式现代化道路与中国特色社会主义政治经济学

缘关系联系在一起，劳动者和生产资料通过血缘、亲缘和地缘纽带结合起来进行生产，因此形成了"人的依赖关系"。在第二大社会形态中，资本把劳动者和生产资料联系起来，每个人在形式上是独立的个体，但实际上是通过商品交换关系结成了一个整体，形成了"以物的依赖关系为基础的人的独立性"。在第三大社会形态中，"自由人联合体"自觉地把劳动者和生产资料联系起来进行生产，个体劳动直接成为社会劳动，人类也由此实现"个人全面而自由的发展"。

从人类现代化的主要模式来看，英美两国现代化模式是以"以物的依赖关系为基础的人的独立性"为根本特征的，将资本主义制度作为"历史的终结"。德日等国则是在第二大社会形态未得到充分发展的情况下，凭借第一大社会形态的上层建筑内核引领本国实现现代化转型，因此在相当程度上仍然保留着"人的依赖性"的痕迹残余。苏联、东欧等国则是在扬弃第二大社会形态的时机尚未成熟时，过早地向第三大社会形态跨越，最终退回至第二大社会形态。

将现代化视角转移至中国，我国的现代化进程是在"时空压缩"这一特定场景下展开的。从时间维度看，"共时性"是中国式现代化最为典型的特征，表现为当前中国"人的依赖关系""物的依赖关系"以及"人的自由全面发展"三大形态的某些特征是并存共生的。改革开放后，中国共产党重新审视历史，作出了我国社会仍处在商品经济发展阶段的重要判断。但是，随着社会主义市场经济体制逐步确立，中国社会经济发展的现实状态又呈现出与一般市场经济和商品货币关系的差异之处。从根本上来说，不同历史形态特征之所以能够并存于同一时空，在于"历史不外是各个世代的依次交替。每一代都利用以前各代遗留下来的材料、资金和生产力；由于这个缘故，每一代一方面在完全改变了的环境下继续从事所继承的活动，另一方面又通过完全改变了的活动来变更旧的环境"①。

从空间维度来看，我国现代化进程面临着空间压缩和空间撕裂双重叠加的境况。一方面，随着新一代信息技术的迅猛发展，世界范围内各个国家和地区之间联系日益紧密，全球经济一体化程度不断加深。在空间距离被一再压缩的背景下，任何一国发生经济危机、政治动荡和社会冲突无疑都会影响全球政治经济格局的稳定。这意味着世界各国的共同利益已经越来越广泛，我们比以往任何时候都更加需要构建人类命运共同体。进入中国特色社会主义新时代，我们秉持开放发展理念，持续推动"一带一路"建设，加快构建国内国际双循环的新发展格局，坚定不移地走出了一条面向世界、和平开放的中国式现代化道路。作为最大的发展中国家，中国正在世界舞台上发挥着超过以往任何时候的作用。而另一方面，由于全球化进程造成世界发展的不平衡，逆全球化、反全球化浪潮此起彼伏，贸易保护主义、国家内顾倾向重新抬头，而中国也走到了与美国及其他传统强国发生更加深入和更加复杂的全方位碰撞接触的历史关口。近年来，英国脱欧、美国退出一系列国际组织、若干国家之间反复发生经贸摩擦，这些事件都是逆全球化浪潮的表现。在空间撕裂的背景下，世界经济形势仍然不容乐观，我国现代化进程的推进也依然面临着诸多挑战。

---

① 《马克思恩格斯选集》第一卷，人民出版社 2012 年版，第 168 页。

四、构建具有时空张力的中国特色社会主义政治经济学

(一)反映"时空压缩"特征的中国特色社会主义政治经济学

从社会存在与社会意识的关系来看,现代化道路有与之相适应的理论表达,这种理论表达内生于塑造这条道路的独特历史环境之中。作为中国式现代化道路的经济理论表达,在经历了长达一个多世纪的探索后,中国经济学在历史与现实的打磨中逐渐成形,生动反映着中国式现代化道路的特征,并形成了独特的理论立场、基本框架和核心内容。

在时间维度上,中国特色社会主义政治经济学反映了中国式现代化道路的"共时性"特征,具体表现为三个方面。其一,在客观事实层面承认中国特色社会主义总体上处于"物的依赖性"阶段,以商品经济为立足点,形成了以社会主义市场经济理论为核心的基本框架。其二,在价值导向层面坚持"个人全面而自由发展"的发展导向,在"以人民为中心"的价值追求中抽象出人民的理论并落脚于实践。其三,在历史传统层面辩证扬弃第一大社会形态内核,在马克思主义基本原理与中国实际和中华优秀传统文化的结合过程中,中国特色社会主义政治经济学的内容不断被丰富起来。以中国特色社会主义政治经

济学关于政府与市场关系的研究为例，一是我们提出了"市场在资源配置中发挥决定性作用，同时更好发挥政府作用"；二是中国特色社会主义政治经济学跳出了西方经济学"大市场—小政府"与"大政府—小市场"的传统二分法，呼吁国家主体性的回归；三是集体主义观念和血缘亲族纽带作为"第一大社会形态"的主要特征，也在中国特色社会主义政治经济学的政府与市场关系理论中得以彰显。

就空间维度而言，处于世界现代化整体格局中的中国式现代化实践为中国特色社会主义政治经济学赋予了宏大的空间视域。实际上，任何物质资料生产活动都是在特定的空间和区域内发生的，体现在经济理论层面，就引申出劳动力与生产资料的空间配置问题。随着世界市场的逐步形成，"国内"和"国外"作为特定的空间划分方式进入经济学的研究视野。第二次世界大战后，西方主流经济学构建了一整套包括国际经济学、新经济地理学、国际贸易理论等在内的"外向经济学"学科框架。改革开放后，中国特色社会主义政治经济学借鉴并吸收了西方经济学这一整套学科框架，结合中国对外开放实践和马克思主义世界历史学说，初步建立了中国特色社会主义对外开放理论，在国际经济活动领域形成了与西方主流经济学有所不同的认知体系。这一理论不仅为我国在空间压缩和空间撕裂的双重背景下推进现代化建设提供了理论指南，同时也为人类现代化事业营造一个健康稳定的全球环境贡献了中国智慧。

（二）继续推进中国特色社会主义政治经济学构建工作的三点思考

"时空压缩"背景具有显著的二重性效应，一方面为中国式现代化带来了红利和机遇，另一方面也意味着资本主义现代化道路的历时态矛盾和继时性风险，无疑也会"共时性"地集中在现时代的中国。因此，构建一门体现"中国特色、中国风格、中国气派"的中国特色社会主义政治经济学势在必行。本节基于拓宽中国式现代化道路经济研究的需要，对构建中国特色社会主义政治经济学提出三点思考。

1. 在厚植历史底蕴的基础上构建"一论二史"体系

中国式现代化道路是根源于中华文明，以实现"个人全面而自由发展"为目标的现代化道路。作为中国式现代化道路经济部分的理论表达，中国特色社会主义政治经济学的构建必须置于历史、现实和未来的张力之中。习近平总书记强调："历史、现实、未来是相通的。历史是过去的现实，现实是未来的历史。"[①]因此，构建中国特色社会主义政治经济学首先要回溯历史，了解中国特色社会主义政治经济学"从何处来"，才能理解"往何处去"。正如恩格斯所指出的那样，"政治经济学本质上是一门历史的科学"，因为"它所涉及的是历史性的即经常变化的材料"。[②]实际上，任何一种经济学说都有特定的历史背景，经济学在本质上就是对历史上经济实践的经验总结和系统提炼。世界上不存在普遍适用的经济学灵丹妙药，缺乏历史感的经济学就会

---

① 《习近平谈治国理政》第一卷，外文出版社2018年版，第67页。
② 《马克思恩格斯全集》第二十六卷，人民出版社2014年版，第155页。

丧失生命力。因此，构建中国特色社会主义政治经济学需要秉持大历史观，坚持"史论结合、论从史出"的方法论原则，把经济学理论同经济史、经济思想史有机结合起来，构建"一论二史"的经济学理论体系，在历史的丰厚滋养中探寻中国特色社会主义政治经济学进一步发展的未来可能性。

2. 坚持国家主体性与理论开放性的有机统一

中国式现代化处于世界现代化的整体格局之中，同时也需要保持自身的独特性。在理论上，要求中国特色社会主义政治经济学在凸显国家主体性的同时保持理论的开放性，这种有机统一具有两个层面的指向。一是在理论品格上，中国特色社会主义政治经济学既要体现出"中国特色、中国风格、中国气派"，又要开放包容地吸收借鉴人类文明优秀成果。中国特色社会主义政治经济学既非马克思主义政治经济学社会主义部分的简单平移，更非西方经济学知识架构的机械拼接，而是一门具有"国别特殊性"的经济学。与此同时，国外经济理论的诸多成果对于构建中国特色社会主义政治经济学而言都具有重要的借鉴意义，中国特色社会主义政治经济学应根据自身的消化能力进行批判性吸收。二是在学科体系上，中国特色社会主义政治经济学要以中国特色社会主义政治经济学为核心学科，同时也不能忽视西方经济学以及各应用经济学的重要作用。从严格意义上讲，中国特色社会主义政治经济学首先是一门社会主义经济学，是当代中国的马克思主义政治经济学。但就目前情况来看，中国特色社会主义政治经济学的核心地位并未得到凸显。基于此，可考虑将政治经济学上升为一级学科，在明确马克思主义政治经济学指导地位的基础上，将中国特色社会主义政治经济学与之区分并设置为独立二级学科,充分彰显出中国特色社会主义政治经济学的社会主义性质。同时,积极引入并研究新古典经济学、新凯恩斯主义经济学、后凯恩斯主义经济学、新剑桥学派经济学、货币主义经济学、新制度经济学等经济学说,吸收和借鉴各种研究方法。

3. 围绕"中国特色社会主义生产方式"搭建系统的理论体系和学科框架

从实践层面看,现代化使得社会各领域发生了全方位的整体性变化,整体性是现代化的重要表征之一,中国式现代化也折射出了这一特征。为此,中国特色社会主义政治经济学需要建构起生产力、生产方式、生产关系三位一体,宏观、中观、微观相互接洽,国内、国际互通联动的综合性分析框架。本书提出的方案是:以"中国特色社会主义生产方式"作为核心研究对象,搭建起中国特色社会主义政治经济学的理论体系和学科体系。

作为劳动者与生产资料的结合方式,生产方式可以作"一般"和"特殊"两个层面来理解。所谓生产方式(一般)是指在抽象掉生产资料所有制的前提下劳动者与生产资料的结合方式。生产方式(特殊)的含义是,任何生产过程都不是单纯的劳动过程,而是一个具有特殊的社会规定性的过程。以生产方式(一般)与生产方式(特殊)的互动作为逻辑线索,可以从三个层面对中国特色社会主义生产方式展开研究。在宏观层面,经济学要研究政府与市场相结合的劳动力和生产资料组合搭配方式。在中观层面,经济学要研究劳动力和生产资料在产业间、区域间、城乡间和国内外的组合和搭配方式。在微观层面，经济学要研究劳动力和生产资料在微观经济主体内部的组合搭配方式。这样一来，中国式现代化所涉及的政府与市场关系、产业经济关系、区域经济关系、城乡经济关系、国内外经济关系、企业内部经济关系就全部被纳入了"中国特色社会主义生产方式"的概念范畴。与此同时，一个以政治经济学为核心，包含马克思主义市场经济理论、马克思主义国民经济学、马克思主义产业经济学、马克思主义区域经济学、马克思主义发展经济学、马克思主义国际经济学等在内的学科体系也就具备了构建基础，从而使中国特色社会主义政治经济学成为一个同时具有鲜明逻辑线索和丰富研究内容的学术体系、学科体系、话语体系。

本讲小结

现代化是人类社会发展的必然趋势，但是，世界上既不存在定于一尊的现代化模式，也不存在放之四海而皆准的现代化标准。新中国成立以来，中国共产党始终坚持"走自己的路"，带领人民成功开创了中国式现代化道路，创造了人类文明新形态，拓展了发展中国家走向现代化的途径。站在新的历史起点上，推动中国式现代化进程走向深入，既要利用时间重叠、空间压缩带来的红利和机遇，又要巧妙地打破这一独特历史环境所引致的不利格局，不断拓宽中国式现代化道路的宽度和广度，为实现社会主义现代化和中华民族伟大复兴提供强劲动力。指向理论层面,要求我们构建起具有时空张力的中国特色社会主义政治经济学,从而给出拓宽中国式现代化道路的理论建议和政策举措。